외국어는 경쟁력!

외국어는 당신을 남들보다 우월하게 만들어주는 경쟁력입니다. 외국어는 당신이 앞으로 하게 될 일, 명함에 새겨질 직함, 받게 될 급여 수준, 타게 될 자동차의 배기량, 살게 될 지역과 집의 크기, 사귀게 될 사람들의 부류, 배우자의 외모, 자녀들이 다닐 학교, 즐겨 입는 옷의 브랜드, 여름마다 가게 될 휴양지, 그리고 그 밖의 많은 것을 결정하는 데 중요한 역할을 한다는 것을 기억하십시오. 언어는 힘입니다.

PASSIONATE ABOUT YOUR SUCCESS!!
당신의 성공에 열광하겠습니다.

Cow & Bridge Publishing Co.
도서출판 소와다리

스피킹 지옥훈련
미친 듯이 리피트

Copyright © 2016 by Cow & Bridge Publishing Co. all rights reserved.
이 책의 저작권 및 출판권은 도서출판 소와다리가 소유합니다.

1판 2쇄 2016년 12월 25일

지 은 이	윌리엄 하퍼
발 행 인	김동근
발 행 처	소와다리
주　　소	인천광역시 남구 구월로 40번길 6-21번지 3가동 302호
대표전화	0505-719-7787
팩시밀리	0505-719-7788
출판등록	제2011-000015호(2011년 8월 3일)
이 메 일	sowadari@naver.com

※파본 및 낙장은 구입하신 서점을 통해 바꾸어드립니다.

ISBN 978-89-967035-9-4 13740

반복 외엔 방법 없다
미친듯이 리피트
CRAZY REPEAT

ABOUT THIS BOOK

영어 공부가 부담스러운 그대에게

일단 안심부터 하자. 단어? 문법? 지금까지 학교에서 배운 거면 충분하다. 긴 단어나 어려운 문법 같은 거, 더 이상 외울 필요 없다. 적어도 이 책에서는 안 나온다. 10년 동안 외웠으면 됐지, 솔직히 뭘 더 외워야 한단 말인가? 이미 알고 있는 것만 잘 활용해도 영어로 의사소통하는 데 아무 지장 없다. 진짜다.

어순 좀 다른 거 빼면 영어도 사실 별거 없다. 어순, 다른 말로 문법인데, 쫄지 마라. 일상생활에서 '가정법 과거완료' 같은 거, 거의 안 쓴다. 단어? 일상적인 대화에서 필요한 어휘는 약 2,000개 정돈데, 우리, 토익 공부 한번 했다 하면 『VOCA 20,000』이니 『30,000』이니, 그런 책 보지 않나? 그러니까 단어는 이제 그만 외우자. 유럽 애들, 필리핀 애들 하는 거 봐라. 중학교 단어, 쉬운 문법으로 짧게 말한다. 좀 없어 보이긴 해도, 그래도 영어로 할 말 다 하고 산다.

"에이, 그 정도는 나도 할 수 있다"고?

할 수 있으면 해보시라. 생각처럼 안 될 거다. 입으로 내뱉는 연습을 한 번도 안 했으니까. 당연한 거다. 지금 이 순간, 그대에게 필요한 건 오직 알고 있는 단어를 영어식 순서에 따라 나열하는 연습이고, 그걸 반복하는 거다. 그것도 빡쎄게. 외국 애들, 다 그렇게 영어 배운다. 그래도 말이 통하는 걸 지들이 직접 체험했으니까, 그래서 자신있게 내뱉는 거다. 그리고 이 책이 바로 그런 책이다. 특히 아래 유형에 속하는 사람들은 『미친 듯이 리피트』하는 습관이 꼭 필요하다.

유 형① 단어는 대충 알겠는데, 뭔 말인지 전혀 모르겠어요.
진 단① 영어의 구조와 문법에 대한 기본 지식이 모두 부족한 상태. 한마디로 영어 포기자.
솔루션① 기본 문장을 큰 소리로 여러 번 읽어 기본 단어와 영어의 어순(문법)을 우선 익혀라.

유 형② 단어도 알고 문법도 아는데 영작이 안 됩니다.
진 단② '영어→한국어'는 되는데 '한국어→영어'는 안 되는 상태. 가장 흔한 영어 바보 증상.
솔루션② 3~4단어를 조합해서 간단한 문장을 만드는 연습을 계속 반복해라.

유 형③ 직독직해 되고 영작도 되는데 입이 안 움직입니다.
진 단③ 눈으로만 공부한 부작용, 순수 토종 국내파 토익 고득점자에게 종종 나타나는 증상.
솔루션③ 짧은 문장을 미친 듯이 반복해서 척 보면 입이 저절로 움직이게 만들어라.

이 책을 구입한 날, 자신과 약속을 하고 책상 앞에 붙여둔다.

• 자신과의 약속 •

나는 신분 상승의 발판을 마련하기 위해

매일 (   )분씩 『미친 듯이 리피트』를 정말 '미친 듯이' 읽으며

모든 챕터에서 CRAZY LEVEL을 달성할 것을 서약한다.

년   월   일

서약자 본인   (서명)

LEVEL INFORMATION

이 책에서는 당신의 실력을 다음과 같은 세 가지 레벨로 분류한다. 기준은 영어에 반응해서 입이 움직이는 속도다. 반응이 느리다면 문법과 단어가 따로 놀고 있고, 따라서 스피킹이 거의 불가능하다고 생각하면 된다. 반응 속도가 어느 정도 빠르다는 것은 이미 문법을 충분히 숙지하고 있다는 뜻이다. 완전히 외우지 못하면 입에서 빨리 술술 나오지 않는다. 당신은 어느 레벨에 속하는지 테스트해보길 바란다.

어 휘 : ★★☆☆☆
문 법 : ★☆☆☆☆
리 딩 : ★☆☆☆☆
스피킹 : ☆☆☆☆☆

장난하나? 정말 총체적 난국이군. 장난이 아니라면 그대는 초중고대, 영어 과목이 없는 학교를 다닌 것이 틀림 없다. 그렇지 않고는 이럴 수가 없다. 단어고 리딩이고 스피킹이고 자시고 간에 지금 그대에게 필요한 것은 이 책이 아니라 『English Grammar In Use』같다. 이 책 살 돈에 몇 푼 더 보태서 그 책 먼저 사라. 물론 둘 다 사면 더 좋겠지만. 그대의 주머니 사정, 충분히 이해한다. 그리고, 그대 같은 사람 많다. 그러니까 너무 걱정하지 말길. 근데, 이 기회에 일본어나 중국어로 전향하는 건 어떤지? 『하루 일본어 첫걸음』 『하루 중국어 첫걸음』으로 기초를 하루만에 뗄 수 있다.

어 휘 : ★★★★☆
문 법 : ★★★☆☆
리 딩 : ★★★★☆
스피킹 : ★★★☆☆

어이, 모범생. 쫌 하는구만. 외국 인터넷 사이트도 곧잘 검색하고 직독직해도 그런대로 가능하겠군. 토익 점수도 괜찮을 거고. 이 정도 한다면 최소한 영어 시간에 졸지는 않은 게 확실해. 읽는 속도가 그럭저럭 괜찮은 거 보니까 발음기호 무시하고 무턱대고 쓰면서 외우는 무뎃뽀는 아니고, 입으로 작게나마 중얼거리면서 외우는 바람직한 타입인데… 뭐, 도서관에서 옆 자리에 앉으면 제일 짜증나는 스타일이지만. 아무튼 좋아. 입이 약간 뻑뻑한 것만 극복하면 앞으로 발전 가능성이 아주 크니까. 당장 이 책을 사도록. 이 책은 딱 그대 같은 사람을 위해 만든 책이니까!

어 휘 : ★★★★☆
문 법 : ★★★★☆
리 딩 : ★★★★★
스피킹 : ★★★★☆

미국 살다 왔나? 대단한데. 아니면 혹시 이 책 두 번째 보는 건가? 뭐 이리 잘 해. 평소에 영어에 관심이 많고 항상 영어를 입으로 발음하면서 읽어버릇 하지 않으면 일반인이 도달하기 불가능한 수준이라구. 그대는 이미 머리로 문법 생각하고 말 하는 게 아니라 척 보면 입이 저절로 움직이는 경지에 이르렀도다. 그동안 혼자 벽 보고 했겠지. 이제 대놓고 미친 듯이 읽어 봐. 입에 단내 나도록 영어책 읽어댔을 그대의 노력에 경의를 표하며, 『제2탄』도 구입 요망. 어학연수 3년치 내공이 한 권으로 압축되어 있으니까!

이 책을 마스터하는 날, 서명을 하고 인증서를 받을 수 있다.

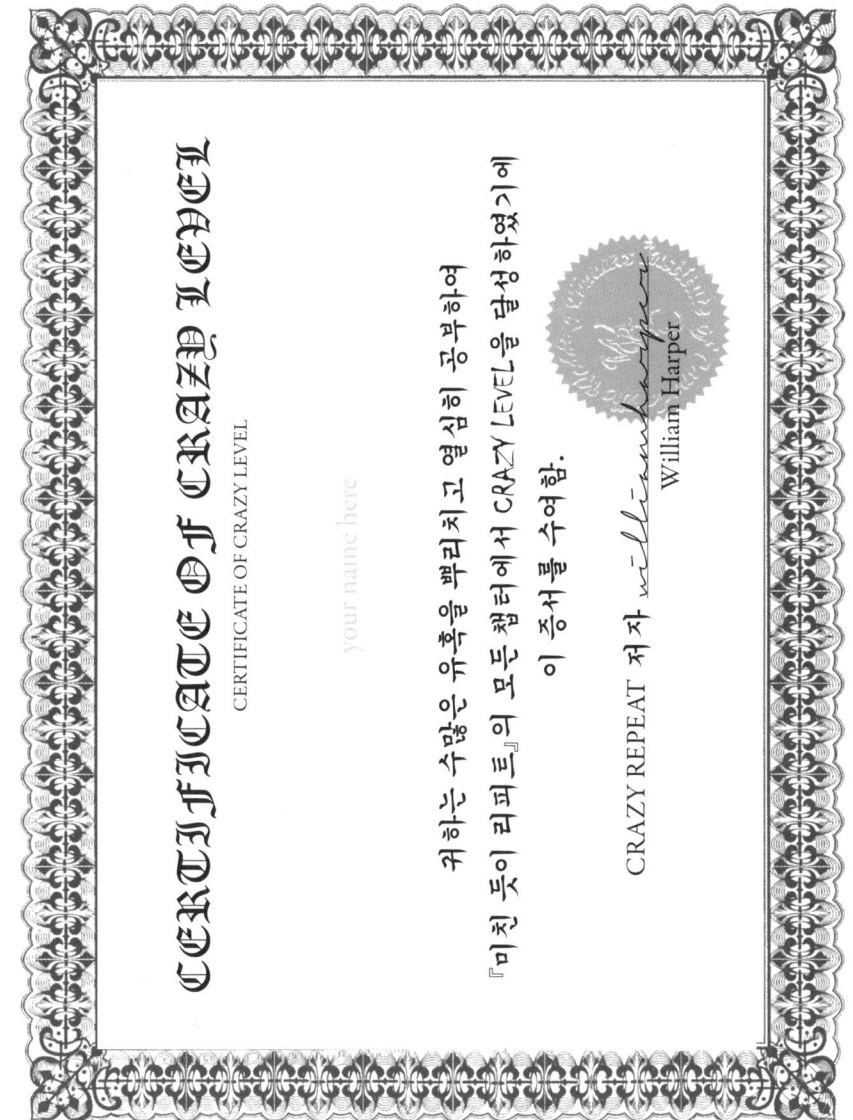

CONTENTS

FIRST STAGE
WARM UP

be verb present	16	be동사 현재
be verb past	18	be동사 과거
general verb present	20	동사 현재
general verb past	22	동사 과거
irregular verb present	24	불규칙동사 현재
irregular verb past	26	불규칙동사 과거
do, do not	28	동사의 부정
have	80	~를 가지고 있다
simple present	32	긍정문
simple present negative	34	부정문
simple present question	36	의문문
simple past question	38	과거 의문문
present continuous	40	현재진행형
past continuous	42	과거진행형
be going to	44	미래
will	46	미래, 의지
imperative sentence	48	명령문
Don't	50	~하지 마
present perfect	52	현재완료
must	54	~해야 한다
should	56	~해야 한다
passive	58	수동태
can	60	~할 수 있다

SECOND STAGE
ELEMENTARY GRAMMAR

many, much	64	많은
little, few, a little, a few	66	거의 없는, 약간 있는
some, any	68	불특정 수량
some, any	70	몇몇, 좀
comparative, superative	72	비교급, 최상급
more than	74	~보다 더 ~한
too, so	76	너무 ~한, 아주 ~한
too	78	너무, 지나치게
enough + adj.	80	충분히 ~한
enough + noun	82	충분한 ~
everybody, nobody	84	모두, 아무도
something, anything	86	무언가, 어떤것도
anything, nothing	88	어떤 것, 아무것도 ~않다
when + past	90	~했을 때
when + present	92	~하면(조건)
ing	94	~하는(현재분사)
-ly	96	~하게(부사)
what	98	관계대명사
where	100	관계대명사
that	102	관계대명사
who, which	104	관계대명사

CONTENTS

THIRD STAGE
INTERMEDIATE GRAMMAR

give	108	주다
send	110	보내다
tell	112	말해주다
say	114	말하다
see	116	보다, 보이다
look	118	쳐다보다
watch	120	지켜보다
stop	122	멈추다
get cold	124	추워지다
with, by	126	~로, ~에 의해
without	128	~없이
before, after	130	~전에, ~후에
for, during, while	132	~동안
since, until	134	~이래로, ~까지
once a day	136	하루 한 번
time	138	시간
date	140	날짜
year	142	연도
preposition - 1	144	전치사 1
preposition - 2	146	전치사 2
word order - 1	148	어순 1(시기를 나타내는 표현)
word order - 2	150	어순 2(정도를 나타내는 표현)
word order - 3	152	어순 3(장소를 나타내는 표현)
if	154	만약(가정)
because	156	~때문에
not enough	158	충분하지 않은

FOURTH STAGE
ADVANCED EXPRESSIONS

It	162	해석하지 않는 비인칭주어
There	164	해석하지 않는 비인칭주어
Where is ?	166	어디 있니?
Is there ?	168	~가 있니?
Do you ?	170	너 ~하니?
Can I ?	172	나 ~해도 돼?
May I ?	174	저 ~해도 되겠습니까?
Can you ?	176	~해줄래?
You cannot	178	~하면 안 돼
Where can I ?	180	어디서 내가 ~할 수 있니?
How can I ?	182	어떻게 내가 ~할 수 있니?
How many ?	184	얼마나 많은
How long? / far? / often?	186	얼마나 ~하니?
How about ?	188	~는 어때?
How was ?	190	~는 어땠니?
I heard	192	~라고 들었다
I've ever seen	194	여태껏 봤던 중에
I would like to	196	~했으면 합니다
Would you mind ?	198	~해도 되겠습니까?
Shall we ?	200	~하실까요?
Maybe	202	아마도
wanna	204	~하고 싶어
gonna	206	~할 거야
too~ to ~	208	~하기엔 너무 ~한
from~, to ~	210	~에서, ~까지
make me happy	212	나를 행복하게 해
never again	214	다시는 ~하지 않다
let me go	216	나를 가게 하다
If I were	218	내가 만약 ~였다면(가정법)

반복 외엔 방법 없다
미친듯이 리피트
ARE YOU READY
TO BE CRAZY?

반복 외엔 방법 없다
미친듯이 리피트
LET'S GET
CRAZY!!!

반복 외엔 방법 없다
미친듯이 리피트
CRAZY REPEAT

THE CITY OF NEW YORK, 1940

PREVIEW

FIRST STAGE

WARM UP

be verb present	001	be동사 현재
be verb past	002	be동사 과거
general verb present	003	동사 현재
general verb past	004	동사 과거
irregular verb present	005	불규칙동사 현재
irregular verb past	006	불규칙동사 과거
do, do not	007	동사의 부정
have	008	~를 가지고 있다
simple present	009	긍정문
simple present negative	010	부정문
simple present question	011	의문문
simple past question	012	과거 의문문
present continuous	013	현재진행형
past continuous	014	과거진행형
be going to	015	미래
will	016	미래, 의지
imperative sentence	017	명령문
Don't	018	~하지 마
present perfect	019	현재완료
must	020	~해야 한다
should	021	~해야 한다
passive	022	수동태
can	023	~할 수 있다

GRAMMAR TEST

001 be verb present be동사 현재

일단 외워 *I am a student, She is pretty*

1. 주어에 따라 be동사의 형태가 달라진다.
2. 주어 + be동사 + 명사 : 〈주어〉는 〈명사〉이다.
3. 주어 + be동사 + 형용사 : 〈주어〉는 〈형용사〉한 상태이다.

EXAMPLE

1. I am a student
   ~인 상태에 있다
2. I am not a teacher
3. I am busy
   바쁜
4. I am 21 years old
   21살 만큼   늙은
5. I am not old
   ~이 아닌
6. You are a girl
7. You are not a boy
8. You are pretty
   예쁘다
9. You are 12 years old
10. You are not old
11. He is American
12. He is handsome
13. He is 63 years old
14. He is not young
15. She is Korean
16. She is 15 years old
17. She is not old
18. They are Japanese
19. They are teachers
20. They are not students

SPEAKING TEST

| 일단 외워 | 눈으로만 보면 입으로 발음할 수 없고, 발음할 수 없으면 빨리 읽을 수 없다! |

1. 빠르건 느리건 창피해하지 말고 일단 무조건 **큰 소리**로 내뱉어 혀를 풀자!
2. 조금이라도 꼬이는 문장은 입에서 자연스럽게 나올 때까지 **10번 이상 반복**하자!
3. 반복 외엔 방법 없다! CRAZY LEVEL을 달성할 때까지 **미친 듯이 리피트!**

1. 나는 학생이다.
   student
2. 나는 교사가 아니다.
   teacher
3. 나는 바쁘다.
   busy
4. 나는 21살 먹었다.
   old
5. 나는 늙지 않았다.
   not
6. 너는 여자아이다.
   girl
7. 너는 남자아이가 아니다.
   boy
8. 너는 예쁘다.
   pretty
9. 너는 12살 먹었다.
   old
10. 너는 나이들지 않았다.
    not
11. 그는 미국인이다.
    American
12. 그는 잘생겼다.
    handsome
13. 그는 63살이다.
    years
14. 그는 젊지 않다.
    young
15. 그녀는 한국인이다.
    Korean
16. 그녀는 15살이다.
    years old
17. 그녀는 늙지 않았다.
    not
18. 그들은 일본인이다.
    Japanese
19. 그들은 교사다.
    teacher
20. 그들은 학생이 아니다.
    student   not

GRAMMAR TEST

002 be verb past be동사 과거

I was a student, She was pretty
1. 주어에 따라 be동사의 형태가 달라진다.
2. 주어 + be동사 과거 + 명사 : 〈주어〉는 〈명사〉였다.
3. 주어 + be동사 과거 + 형용사 : 〈주어〉는 〈형용사〉한 상태였다.

EXAMPLE

1. I was a student
2. I was not a teacher
3. I was busy
4. I was 21 years old
5. I was not old
6. You were a girl
7. You were not a boy
8. You were pretty
9. You were not 12 years old
10. You were not old
11. He was American
12. He was handsome
13. He was 63 years old
14. He was not young
15. She was Korean
16. She was 15 years old
17. She was not old
18. They were Japanese
19. They were teachers
20. They were not students

SPEAKING TEST

Joking me?　　　Good Job　　　CRAZY!

일단 외워 눈으로만 보면 입으로 발음할 수 없고, 발음할 수 없으면 빨리 읽을 수 없다!

1. 빠르건 느리건 창피해하지 말고 일단 무조건 **큰 소리**로 내뱉어 혀를 풀자!
2. 조금이라도 꼬이는 문장은 입에서 자연스럽게 나올 때까지 **10번 이상 반복**하자!
3. 반복 외엔 방법 없다! CRAZY LEVEL을 달성할 때까지 **미친 듯이 리피트!**

1. 나는 학생이었다.
   was
2. 나는 교사가 아니었다.
   was not
3. 나는 바빴다.
   busy
4. 나는 21살이었다.
   21 years old
5. 나는 나이들지 않았다.
   old
6. 너는 여자아이였다.
   girl
7. 너는 남자아이가 아니었다.
   boy
8. 너는 예뻤다.
   pretty
9. 너는 12살이 아니었다.
10. 너는 나이들지 않았다.
11. 그는 미국인이었다.
    American
12. 그는 잘생겼었다.
    handsome
13. 그는 63살이었다.
14. 그는 젊지 않았다.
    young
15. 그녀는 한국인이었다.
    Korean
16. 그녀는 15살이었다.
17. 그녀는 나이들지 않았다.
    not
18. 그들은 일본인이었다.
    Japanese
19. 그들은 교사였다.
    teacher
20. 그들은 학생이 아니었다.
    student

GRAMMAR TEST

003 general verb present 동사 현재

일단 외워 *I work, I do not work*

1. 주어가 3인칭 단수 현재일 때는 동사 뒤에 s가 붙는다.
2. 동사의 부정형은 do not + 동사.
3. 주어가 3인칭 단수 현재일 때는 do에 es가 붙어 does로 된다.

EXAMPLE

1. I work
   일하다
2. I want
   원하다
3. I like
   좋아하다
4. I do not work
   ~하지 않다
5. I do not want
6. You work
7. You want
8. You like
9. You do not work
10. You do not like
11. He works
    3단현s
12. He wants
    3단현s
13. He likes
    3단현s
14. He does not like
    3단현s
15. She works
    3단현s
16. She wants
    3단현s
17. She does not want
    3단현s
18. They work
19. They like
20. They do not like

20

SPEAKING TEST

일단 외워 눈으로만 보면 입으로 발음할 수 없고, 발음할 수 없으면 빨리 읽을 수 없다!

1. 빠르건 느리건 창피해하지 말고 일단 무조건 **큰 소리**로 내뱉어 혀를 풀자!
2. 조금이라도 꼬이는 문장은 입에서 자연스럽게 나올 때까지 **10번 이상 반복**하자!
3. 반복 외엔 방법 없다! CRAZY LEVEL을 달성할 때까지 **미친 듯이 리피트!**

1. 나는 일한다.
2. 나는 원한다.
3. 나는 좋아한다.
4. 나는 일하지 않는다. *do not*
5. 나는 원하지 않는다.
6. 너는 일한다.
7. 너는 원한다.
8. 너는 좋아한다.
9. 너는 일하지 않는다.
10. 너는 좋아하지 않는다.
11. 그는 일한다.
12. 그는 원한다.
13. 그는 좋아한다.
14. 그는 좋아하지 않는다.
15. 그녀는 일한다.
16. 그녀는 원한다.
17. 그녀는 원하지 않는다.
18. 그들은 일한다.
19. 그들은 좋아한다.
20. 그들은 좋아하지 않는다.

GRAMMAR TEST

004 general verb past 동사 과거

I worked, I did not work

1. 일반동사의 과거형은 단어 끝에 ed를 붙인다.
2. 일반동사의 과거 부정형은 did not + 〈동사〉
3. did not = didn't

EXAMPLE

1. I worked
2. I wanted
3. I liked
4. I did not work
5. I did not want
6. You worked
7. You wanted
8. You liked
9. You did not work
10. You did not like
11. He worked
12. He wanted
13. He liked
14. He did not like
15. She worked
16. She wanted
17. She did not want
18. They worked
19. They liked
20. They did not like

SPEAKING TEST

일단 외워 눈으로만 보면 입으로 발음할 수 없고, 발음할 수 없으면 빨리 읽을 수 없다!

1. 빠르건 느리건 창피해하지 말고 일단 무조건 **큰 소리**로 내뱉어 혀를 풀자!
2. 조금이라도 꼬이는 문장은 입에서 자연스럽게 나올 때까지 **10번 이상 반복**하자!
3. 반복 외엔 방법 없다! CRAZY LEVEL을 달성할 때까지 **미친 듯이 리피트!**

1 나는 일했다.

2 나는 원했다.

3 나는 좋아했다.

4 나는 일하지 않았다.
             did not

5 나는 원하지 않았다.

6 너는 일했다.

7 너는 원했다.

8 너는 좋아했다.

9 너는 일하지 않았다.

10 너는 좋아하지 않았다.

11 그는 일했다.

12 그는 원했다.

13 그는 좋아했다.

14 그는 좋아하지 않았다.

15 그녀는 일했다.

16 그녀는 원했다.

17 그녀는 원하지 않았다.

18 그들은 일했다.

19 그들은 좋아했다.

20 그들은 좋아하지 않았다.

GRAMMAR TEST

005 irregular verb present 불규칙동사 현재

일단 외워 *go-went, see-saw, come-came*

1. 일반동사의 과거형은 단어 끝에 ed를 붙인다.
2. 과거형이 단어 끝에 ed가 붙지 않고 현태 자체가 변하는 동사도 있다.
3. 그것을 불규칙동사라고 하고 자주 쓰이는 불규칙동사는 외워야 한다.

EXAMPLE

1. I go
2. I drink
3. I see
4. I know
5. I come
6. You eat
7. You forget
   잊다
8. You make
9. You meet
10. You say
11. He goes
    3단현s
12. He speaks
13. He runs
    3단현s
14. He gets
    얻다
15. She spends
    소비하다
16. She sells
17. She tells
18. They write
19. They begin
20. They sleep

SPEAKING TEST

일단 외워 눈으로만 보면 입으로 발음할 수 없고, 발음할 수 없으면 빨리 읽을 수 없다!

1. 빠르건 느리건 창피해하지 말고 일단 무조건 **큰 소리**로 내뱉어 혀를 풀자!
2. 조금이라도 꼬이는 문장은 입에서 자연스럽게 나올 때까지 **10번 이상 반복**하자!
3. 반복 외엔 방법 없다! CRAZY LEVEL을 달성할 때까지 **미친 듯이 리피트!**

1. 나는 간다.
2. 나는 마신다.
3. 나는 본다.
4. 나는 안다.
5. 나는 온다.
6. 너는 먹는다.
7. 너는 잊는다.
8. 너는 만든다.
9. 너는 만난다.
10. 너는 말한다.
11. 그는 간다.
12. 그는 발언한다.
    speak
13. 그는 달린다.
14. 그는 얻는다.
    get
15. 그녀는 소비한다.
    spend
16. 그녀는 판다.
17. 그녀는 말해준다.
    tell
18. 그들은 쓴다.
19. 그들은 시작한다.
    begin
20. 그들은 잔다.

GRAMMAR TEST

006 irregular verb past 불규칙동사 과거

일단 외워 *know-knew, eat-ate, make-made*

1. 일반동사의 과거형은 단어 끝에 ed를 붙인다.
2. 과거형이 단어 끝에 ed가 붙지 않고 현태 자체가 변하는 동사도 있다.
3. 그것을 불규칙동사라고 하고 자주 쓰이는 불규칙동사는 외워야 한다.

EXAMPLE

1 I went
    go
2 I drank
    drink
3 I saw
    see
4 I knew
    know
5 I came
    come
6 You ate
    eat
7 You forgot
    forget
8 You made
    make
9 You met
    meet
10 You said
    say
11 He went
12 He spoke
    speak
13 He ran
    run
14 He got
    get
15 She spent
    spend
16 She sold
    sell
17 She told
    tell
18 They wrote
    write
19 They began
    bigan
20 They slept
    sleep

SPEAKING TEST

일단 외워 눈으로만 보면 입으로 발음할 수 없고, 발음할 수 없으면 빨리 읽을 수 없다!
1. 빠르건 느리건 창피해하지 말고 일단 무조건 **큰 소리**로 내뱉어 혀를 풀자!
2. 조금이라도 꼬이는 문장은 입에서 자연스럽게 나올 때까지 **10번 이상 반복**하자!
3. 반복 외엔 방법 없다! CRAZY LEVEL을 달성할 때까지 **미친 듯이 리피트!**

1 나는 갔다.

2 나는 마셨다.

3 나는 봤다.

4 나는 알았다.

5 나는 왔다.

6 너는 먹었다.

7 너는 잊었다.

8 너는 만들었다.

9 너는 만났다.

10 너는 말했다.

11 그는 갔다.

12 그는 발언했다.

13 그는 달렸다.

14 그는 얻었다.

15 그녀는 소비했다.

16 그녀는 팔았다.

17 그녀는 말해주었다.

18 그들은 썼다.

19 그들은 시작했다.

20 그들은 잤다.

GRAMMAR TEST

007 do, do not ~한다, ~하지 않는다(동사의 부정)

일단 외워 I do, You do, He does - I do not, You do not, He does not

1. do+동작성 명사 : ~를 한다
2. do는 동사를 부정할 때 쓰인다(do not + 동사) : 〈동사〉하지 않다
3. 주어가 3인칭 단수 현재일 때 do는 does가 된다.

EXAMPLE

1. I do
   나는 한다
2. I did
   나는 했다
3. I do not ~
   하지 않는다
4. I did not ~
   하지 않았다
5. I didn't ~
   did not의 축약형
6. You do
7. You did
8. You do not ~
9. You did not ~
10. You didn't ~
11. He does
    3단현s
12. He did
13. He does not ~
14. He didn't ~
15. She does
16. She did
17. She doesn't ~
    does not의 축약형
18. They do
19. They did
20. They don't ~
    do not의 축약형

SPEAKING TEST

Joking me?   Good Job   CRAZY!

일단 외워 눈으로만 보면 입으로 발음할 수 없고, 발음할 수 없으면 빨리 읽을 수 없다!
1. 빠르건 느리건 창피해하지 말고 일단 무조건 **큰 소리**로 내뱉어 혀를 풀자!
2. 조금이라도 꼬이는 문장은 입에서 자연스럽게 나올 때까지 **10번 이상 반복**하자!
3. 반복 외엔 방법 없다! CRAZY LEVEL을 달성할 때까지 **미친 듯이 리피트!**

1   나는 한다.

2   나는 했다.

3   나는 ~하지 않는다.

4   나는 ~하지 않았다.

5   나는 ~하지 않았다.

6   너는 한다.

7   너는 했다.

8   너는 ~하지 않는다.

9   너는 ~하지 않았다.

10 너는 ~하지 않았다.

11 그는 한다.

12 그는 했다.

13 그는 ~하지 않는다.

14 그는 ~하지 않았다.

15 그녀는 한다.

16 그녀는 했다.

17 그녀는 ~하지 않는다.

18 그들은 한다.

19 그들은 했다.

20 그들은 ~하지 않는다.

GRAMMAR TEST

008 have ~를 가지고 있다

일단 외워 *I have, You have, He has*

1. 주어가 1인칭, 2인칭, 복수일 때는 have
2. 3인칭 현재일 때는 has
3. 과거일 때는 전부 had

EXAMPLE

1. I have
   가지고 있다
2. I had
3. I do not have
   가지고 있지 않다
4. I did not have
   가지고 있지 않았다
5. You have
6. You had
7. You do not have
8. You did not have
9. He has
   3단현s
10. He had
11. He does not have
    3단현s
12. He did not have
13. She has
14. She had
15. She does not have
16. She did not have
17. They have
18. They had
19. They do not have
20. They did not have

SPEAKING TEST

일단 외워 눈으로만 보면 입으로 발음할 수 없고, 발음할 수 없으면 빨리 읽을 수 없다!

1. 빠르건 느리건 창피해하지 말고 일단 무조건 **큰 소리**로 내뱉어 혀를 풀자!
2. 조금이라도 꼬이는 문장은 입에서 자연스럽게 나올 때까지 **10번 이상 반복**하자!
3. 반복 외엔 방법 없다! CRAZY LEVEL을 달성할 때까지 **미친 듯이 리피트!**

1   나는 가지고 있다.(나는 있다)
        have
2   나는 가지고 있었다.(나는 있었다)

3   나는 가지고 있지 않다.(나는 없다)
              do not
4   나는 가지고 있지 않았다.(나는 없었다)

5   너는 가지고 있다.

6   너는 가지고 있었다.

7   너는 가지고 있지 않다.

8   너는 가지고 있지 않았다.

9   그는 가지고 있다.

10 그는 가지고 있었다.

11 그는 가지고 있지 않다.

12 그는 가지고 있지 않았다.

13 그녀는 가지고 있다.

14 그녀는 가지고 있었다.

15 그녀는 가지고 있지 않다.

16 그녀는 가지고 있지 않았다.

17 그들은 가지고 있다.

18 그들은 가지고 있었다.

19 그들은 가지고 있지 않다.

20 그들은 가지고 있지 않았다.

GRAMMAR TEST

simple present 긍정문

일단 외워 *I am, I work, He works*
1. 주어 + 동사 : 〈주어〉가 〈동사〉한다.
2. 주어 + be동사 + 형용사 : 〈주어〉가 〈형용사〉한 상태이다.
3. be동사 + 형용사, 명사 = 완전한 서술어

EXAMPLE

1. I am
2. You are
3. He is
4. She is
5. We are
6. I do
7. You do
8. He does _{3단현s}
9. She does
10. They do
11. I have
12. You have
13. He has _{3단현s}
14. She has
15. They have
16. I want
17. You want
18. He wants _{3단현s}
19. She wants
20. They want

SPEAKING TEST

 Joking me?
 Good Job
 CRAZY!

일단 외워 눈으로만 보면 입으로 발음할 수 없고, 발음할 수 없으면 빨리 읽을 수 없다!
1. 빠르건 느리건 창피해하지 말고 일단 무조건 **큰 소리**로 내뱉어 혀를 풀자!
2. 조금이라도 꼬이는 문장은 입에서 자연스럽게 나올 때까지 **10번 이상 반복**하자!
3. 반복 외엔 방법 없다! CRAZY LEVEL을 달성할 때까지 **미친 듯이 리피트!**

1 나는

2 너는

3 그는

4 그녀는

5 우리는

6 나는 한다.
    do

7 너는 한다.

8 그는 한다.
    does

9 그녀는 한다.

10 그들은 한다.

11 나는 가지고 있다.

12 너는 가지고 있다.

13 그는 가지고 있다.
    has

14 그녀는 가지고 있다.

15 그들은 가지고 있다.

16 나는 원한다.

17 너는 원한다.

18 그는 원한다.

19 그녀는 원한다.

20 그들은 원한다.

GRAMMAR TEST

010 simple present negative 부정문

일단 외워 | *I am not, I do not want*

1. be동사의 부정 : be + not
2. 일반동사의 부정 : do not + 동사
3. do not = don't

EXAMPLE

1. I am not
   ~이 아니다
2. You are not
3. He is not
4. She is not
5. We are not
6. I do not
   ~하지 않다
7. You do not
8. He does not
   3단현s
9. She does not
10. They do not
11. I do not have
    본동사
12. You do not have
13. He does not have
14. She does not have
15. They do not have
16. I do not want
    본동사
17. You do not want
18. He does not want
19. She does not want
20. We do not want

SPEAKING TEST

일단 외워 눈으로만 보면 입으로 발음할 수 없고, 발음할 수 없으면 빨리 읽을 수 없다!

1. 빠르건 느리건 창피해하지 말고 일단 무조건 **큰 소리**로 내뱉어 혀를 풀자!
2. 조금이라도 꼬이는 문장은 입에서 자연스럽게 나올 때까지 **10번 이상 반복**하자!
3. 반복 외엔 방법 없다! CRAZY LEVEL을 달성할 때까지 **미친 듯이 리피트!**

1   나는 아니다.
    _{not}

2   너는 아니다.

3   그는 아니다.

4   그녀는 아니다.

5   우리는 아니다.

6   나는 하지 않는다.

7   너는 하지 않는다.

8   그는 하지 않는다.

9   그녀는 하지 않는다.

10 그들은 하지 않는다.

11 나는 가지고 있지 않다.

12 너는 가지고 있지 않다.

13 그는 가지고 있지 않다.

14 그녀는 가지고 있지 않다.

15 그들은 가지고 있지 않다.

16 나는 원하지 않는다.

17 너는 원하지 않는다.

18 그는 원하지 않는다.

19 그녀는 원하지 않는다.

20 우리는 원하지 않는다.

GRAMMAR TEST

011 simple present question 의문문

Are you? Do you?
1. 의문문은 동사가 먼저 나온다.
2. 의문사(what, where, who)가 먼저 나오는 경우도 있다.
3. Are you + 형용사 or 명사, Do you + 동사

EXAMPLE

1 **Am I?**
  나는 ~니?

2 **Are you?**

3 **Is he?**

4 **Is she?**

5 **Are we?**

6 **Do I?**
  나는 ~하니?

7 **Do you?**

8 **Does he?**

9 **Does she?**

10 **Do they?**

11 **Do I have?**
   나는 가지고 있니?

12 **Do you have?**

13 **Does he have?**

14 **Does she have?**

15 **Do they have?**

16 **Do I want?**
   나는 원하니?

17 **Do you want?**

18 **Does he want?**

19 **Does she want?**

20 **Do they want?**

SPEAKING TEST

 Joking me?
 Good Job
 CRAZY!

일단 외워 눈으로만 보면 입으로 발음할 수 없고, 발음할 수 없으면 빨리 읽을 수 없다!

1. 빠르건 느리건 창피해하지 말고 일단 무조건 **큰 소리**로 내뱉어 혀를 풀자!
2. 조금이라도 꼬이는 문장은 입에서 자연스럽게 나올 때까지 **10번 이상 반복**하자!
3. 반복 외엔 방법 없다! CRAZY LEVEL을 달성할 때까지 **미친 듯이 리피트!**

1 나는?

2 너는?
  are you?

3 그는?

4 그녀는?

5 우리는?

6 나는 하니?

7 너는 하니?
  do you?

8 그는 하니?

9 그녀는 하니?

10 그들은 하니?

11 나는 가지고 있니?

12 너는 가지고 있니?
   do you have?

13 그는 가지고 있니?

14 그녀는 가지고 있니?

15 그들은 가지고 있니?

16 나는 원하니?

17 너는 원하니?

18 그는 원하니?

19 그녀는 원하니?

20 그들은 원하니?

GRAMMAR TEST

012 simple past question 과거 의문문

일단 외워 Were you? Did you?
1. 의문문은 동사가 먼저 나온다.
2. 의문사(what, where, who)가 먼저 나오는 경우도 있다.
3. Were you + 형용사 or 명사, Did you + 동사

EXAMPLE

1 **Was I?**
    나는 ~였니?

2 **Were you?**

3 **Was he?**

4 **Was she?**

5 **Were we?**

6 **Did I?**
    나는 ~했니?

7 **Did you?**

8 **Did he?**

9 **Did she?**

10 **Did they?**

11 **Did I have?**
    나는 가지고 있었니?

12 **Did you have?**

13 **Did he have?**

14 **Did she have?**

15 **Did they have?**

16 **Did I want?**
    나는 원했니?

17 **Did you want?**

18 **Did he want?**

19 **Did she want?**

20 **Did they want?**

SPEAKING TEST

일단 외워 눈으로만 보면 입으로 발음할 수 없고, 발음할 수 없으면 빨리 읽을 수 없다!

1. 빠르건 느리건 창피해하지 말고 일단 무조건 **큰 소리**로 내뱉어 혀를 풀자!
2. 조금이라도 꼬이는 문장은 입에서 자연스럽게 나올 때까지 **10번 이상 반복**하자!
3. 반복 외엔 방법 없다! CRAZY LEVEL을 달성할 때까지 **미친 듯이 리피트!**

1. 나는 ~였니?
2. 너는 ~였니?
   were you?
3. 그는 ~였니?
4. 그녀는 ~였니?
5. 우리는 ~였니?
6. 나는 ~했니?
7. 너는 ~했니?
   did you?
8. 그는 ~했니?
9. 그녀는 ~했니?
10. 그들은 ~했니?
11. 나는 가지고 있었니?
12. 너는 가지고 있었니?
    did you have?
13. 그는 가지고 있었니?
14. 그녀는 가지고 있었니?
15. 그들은 가지고 있었니?
16. 나는 원했니?
17. 너는 원했니?
    did you want?
18. 그는 원했니?
19. 그녀는 원했니?
20. 그들은 원했니?

GRAMMAR TEST

013 present continuous 현재진행형

일단 외워 *I am doing, You are reading*

1. 주어 + be동사 + 동사ing : 〈주어〉가 〈동사〉하고 있는 중이다.
2. 동작이 진행중임을 나타낸다.
3. be동사의 ing형 = being

EXAMPLE

1. I am doing
   나는 하고 있다
2. You are doing
3. He is doing
4. She is doing
5. We are doing
6. I am working
   나는 일하고 있다
7. You are watching
   보다
8. He is eating
   먹다
9. She is running
   달리다
10. They are playing
    연주하다
11. I am studying
    공부하다
12. You are reading
    읽다
13. He is sleeping
    자다
14. She is waiting
    기다리다
15. They are walking
    걷다
16. I am listening
    듣다
17. You are swimming
    수영하다
18. He is making
    만들다(make)
19. She is washing
    씻다
20. They are enjoying
    즐기다

일단 외워 **눈으로만 보면 입으로 발음할 수 없고, 발음할 수 없으면 빨리 읽을 수 없다!**

1. 빠르건 느리건 창피해하지 말고 일단 무조건 **큰 소리**로 내뱉어 혀를 풀자!
2. 조금이라도 꼬이는 문장은 입에서 자연스럽게 나올 때까지 **10번 이상 반복**하자!
3. 반복 외엔 방업 없다! CRAZY LEVEL을 달성할 때까지 **미친 듯이 리피트!**

1 나는 하고 있는 중이다.
do

2 너는 하고 있는 중이다.

3 그는 하고 있는 중이다.

4 그녀는 하고 있는 중이다.

5 우리는 하고 있는 중이다.

6 나는 일하고 있는 중이다.
work

7 너는 시청하고 있는 중이다.
watch

8 그는 먹고 있는 중이다.
eat

9 그녀는 달리고 있는 중이다.
run

10 그들은 연주하고 있는 중이다.
play

11 나는 공부하고 있는 중이다.
study

12 너는 읽고 있는 중이다.
read

13 그는 자고 있는 중이다.
sleep

14 그녀는 기다리고 있는 중이다.
wait

15 그들은 걷고 있는 중이다.
walk

16 나는 듣고 있는 중이다.
listen

17 너는 수영하고 있는 중이다.
swim

18 그는 만들고 있는 중이다.
make

19 그녀는 씻고 있는 중이다.
wash

20 그들은 즐기고 있는 중이다.
enjoy

GRAMMAR TEST

014 past continuous 과거진행형

일단 외워 *I was doing, You were reading*
1. 주어 + be동사 과거 + 동사ing : 〈주어〉가 〈동사〉하고 있는 중이었다.
2. 과거에 동작이 진행중이었음을 회상하는 표현이다.
3. be동사의 ing형 = be동사 과거 + being

EXAMPLE

1. I was doing
   am
2. You were doing
   are
3. He was doing
   is
4. She was doing
   is
5. We were doing
   are
6. I was working
7. You were watching
8. He was eating
9. She was running
10. They were playing
11. I was studying
12. You were reading
13. He was sleeping
14. She was waiting
15. They were walking
16. I was listening
17. You were swimming
18. He was making
19. She was washing
20. They were enjoying

SPEAKING TEST

일단 외워 눈으로만 보면 입으로 발음할 수 없고, 발음할 수 없으면 빨리 읽을 수 없다!
1. 빠르건 느리건 창피해하지 말고 일단 무조건 **큰 소리**로 내뱉어 혀를 풀자!
2. 조금이라도 꼬이는 문장은 입에서 자연스럽게 나올 때까지 **10번 이상 반복**하자!
3. 반복 외엔 방법 없다! CRAZY LEVEL을 달성할 때까지 **미친 듯이 리피트!**

1. 나는 하고 있던 중이었다.
2. 그는 하고 있던 중이었다.
3. 그는 하고 있던 중이었다.
4. 그녀는 하고 있던 중이었다.
5. 우리는 하고 있던 중이었다.
6. 나는 일하고 있던 중이었다.
7. 너는 시청하고 있던 중이었다.
8. 그는 먹고 있던 중이었다.
9. 그녀는 달리고 있던 중이었다.
10. 그들은 연주하고 있던 중이었다.
11. 나는 공부하고 있던 중이었다.
12. 너는 읽고 있던 중이었다.
13. 그는 자고 있던 중이었다.
14. 그녀는 기다리고 있던 중이었다.
15. 그들은 걷고 있던 중이었다.
16. 나는 듣고 있던 중이었다.
17. 너는 수영하고 있던 중이었다.
18. 그는 만들고 있던 중이었다.
19. 그녀는 씻고 있던 중이었다.
20. 그들은 즐기고 있던 중이었다.

GRAMMAR TEST

be going to 미래

일단 외워 *I am going to do, He is going to go*

1. 주어 + be동사 + going to + 동사
2. 〈주어〉는 〈동사〉하기로 되어 있다는 객관적 사실을 표현.
3. 〈동사〉하겠다는 의지를 나타내는 will과는 차이가 있다.

EXAMPLE

1. I am going to do
   ~할 것이다
2. You are going to do
3. He is not going to do
   ~하지 않을 것이다
4. She is going to do
5. We are going to do
6. I am going to drink
   마시다
7. You are going to watch
   보다
8. He is not going to sell
   그는 팔지 않을 것이다
9. She is going to buy
   사다
10. They are going to play
    연주하다
11. I am going to invite
    초대하다
12. You are going to wash
    씻다
13. He is not going to visit
    방문하다
14. She is going to start
    시작하다
15. They are going to dance
    춤추다
16. I am going to call
    전화하다
17. You are going to be happy
    행복해지다
18. He is going to be there
    거기에 있다
19. She is going to use
    사용하다
20. They are not going to make
    만들다

SPEAKING TEST

 Joking me?
 Good Job
 CRAZY!

일단 외워 눈으로만 보면 입으로 발음할 수 없고, 발음할 수 없으면 빨리 읽을 수 없다!

1. 빠르건 느리건 창피해하지 말고 일단 무조건 **큰 소리**로 내뱉어 혀를 풀자!
2. 조금이라도 꼬이는 문장은 입에서 자연스럽게 나올 때까지 **10번 이상 반복**하자!
3. 반복 외엔 방법 없다! CRAZY LEVEL을 달성할 때까지 **미친 듯이 리피트!**

1. 나는 할 것이다.
   do

2. 너는 할 것이다.

3. 그는 하지 않을 것이다.

4. 그녀는 할 것이다.

5. 우리는 할 것이다.

6. 나는 마실 것이다.
   drink

7. 너는 시청할 것이다.
   watch

8. 그는 팔지 않을 것이다.
   sell

9. 그녀는 구입할 것이다.
   buy

10. 그들은 연주할 것이다.
    play

11. 나는 초대할 것이다.
    invite

12. 너는 씻을 것이다.
    wash

13. 그는 방문하지 않을 것이다.
    visit

14. 그녀는 시작할 것이다.
    start

15. 그들은 춤출 것이다.
    dance

16. 나는 전화할 것이다.
    call

17. 너는 행복해질 것이다.
    be happy

18. 그는 거기에 있을 것이다.
    be there

19. 그녀는 사용할 것이다.
    use

20. 그들은 만들지 않을 것이다.
    make

GRAMMAR TEST

016 will 미래, 의지

일단 외워 *I will go, You will go*

1. 주어 + will + 동사
2. 〈주어〉는 앞으로 〈동사〉하려는 의지가 있을 거라는 주관적 판단을 나타낸다.
3. 단순한 미래 예정을 나타내는 be going to와 차이가 있다.

EXAMPLE

1. I will do
   ~하겠다
2. You will do
3. He will not do
4. She will do
5. We will do
6. I will not drink
   ~하지 않겠다
7. You will watch
8. He will sell
9. She will buy
10. They will not play
11. I will invite
12. You will wash
13. He will visit
14. She will not start
15. They will dance
16. I will call
17. You will be happy
18. He will be there
19. She will use
20. They will make

46

반복 외엔 방법 없다 미친듯이 리피트
SPEAKING TEST

| 일단 외워 | 눈으로만 보면 입으로 발음할 수 없고, 발음할 수 없으면 빨리 읽을 수 없다! |

1. 빠르건 느리건 창피해하지 말고 일단 무조건 **큰 소리**로 내뱉어 혀를 풀자!
2. 조금이라도 꼬이는 문장은 입에서 자연스럽게 나올 때까지 **10번 이상 반복**하자!
3. 반복 외엔 방법 없다! CRAZY LEVEL을 달성할 때까지 **미친 듯이 리피트!**

1. 나는 할 것이다.
2. 너는 할 것이다.
3. 그는 하지 않을 것이다.
4. 그녀는 할 것이다.
5. 우리는 할 것이다.
6. 나는 마시지 않을 것이다.
7. 너는 볼 것이다.
8. 그는 팔 것이다.
9. 그녀는 구입할 것이다.
10. 그들은 연주하지 않을 것이다.
11. 나는 초대할 것이다.
12. 너는 씻을 것이다.
13. 그는 방문할 것이다.
14. 그녀는 시작하지 않을 것이다.
15. 그들은 춤추지 않을 것이다.
16. 나는 전화할 것이다.
17. 너는 행복해질 것이다.
18. 그는 거기에 있을 것이다.
19. 그녀는 사용할 것이다.
20. 그들은 만들 것이다.

GRAMMAR TEST

imperative sentence 명령문

일단 외워 *Run! Wait! Stop!*
1. 명령문의 대상은 you이며 문장에서는 생략된다.
2. 동사와 목적어 만으로 문장이 이루어진다.
3. be동사 + 형용사 = 동사 취급

EXAMPLE

1. **Do!**
   해!
2. **Run!**
   달려!
3. **Go!**
   가!
4. **Drink!**
   마셔!
5. **Wait!**
   기다려!
6. **Please wait!**
   기다려주세요!
7. **Don't go!**
   ~하지 마
8. **Please don't go!**
   제발 ~하지 마!
9. **Don't move!**
   움직이지 마(꼼짝 마)!
10. **Don't stop!**
11. **Don't cry!**
12. **Don't worry!**
13. **Don't do!**
14. **Be quiet!**
    be동사 + 형용사 = 동사
15. **Please be quiet!**
    조용히 해!
16. **Be careful!**
    조심해!
17. **Be a man!**
    남자가 되어라(남자답게 굴어)!
18. **Don't be afraid!**
    겁내다
19. **Don't be late!**
    늦다
20. **Please don't be late!**

SPEAKING TEST

Joking me?

Good Job

CRAZY!

일단 외워 눈으로만 보면 입으로 발음할 수 없고, 발음할 수 없으면 빨리 읽을 수 없다!

1. 빠르건 느리건 창피해하지 말고 일단 무조건 **큰 소리**로 내뱉어 혀를 풀자!
2. 조금이라도 꼬이는 문장은 입에서 자연스럽게 나올 때까지 **10번 이상 반복**하자!
3. 반복 외엔 방법 없다! CRAZY LEVEL을 달성할 때까지 **미친 듯이 리피트!**

1. 해!
2. 달려!
3. 가!
4. 마셔!
5. 기다려!
6. 제발 기다려!
   please
7. 가지 마!
8. 제발 가지 마!
   do not
9. 움직이지 마!
10. 멈추지 마!
11. 울지 마!
12. 걱정하지 마!
13. 하지 마!
14. 조용히 해!
15. 제발 조용히 해!
   quiet
16. 조심해!
17. 남자답게 굴어!
   man
18. 겁내지 마!
19. 늦지 마!
20. 제발 늦지 마!

GRAMMAR TEST

018 Don't ~하지 마

 don't cry

1. Don't + 동사 : 〈동사〉하지 마시오.
2. 부정 명령문.
3. 회화에서 빈번히 쓰이므로 익숙해질 때까지 반복한다.

EXAMPLE

1. Don't cry
   하지 마   울다
2. Don't talk
   대화하다(떠들다)
3. Don't forget
   잊다
4. Don't complain
   불평하다
5. Don't worry
   걱정하다
6. Don't try
   시도하다
7. Don't do that
   그렇게 하다
8. Don't expect
   기대하다
9. Don't think
10. Don't hurry
    서두르다
11. Don't be late
    늦다
12. Don't be shy
    부끄러워하다
13. Don't be afraid
    두려워하다
14. Don't be lazy
    게으름피우다
15. Don't be sad
    슬퍼하다
16. Don't be nervous
    신경쓰다
17. Don't be angry
    화내다
18. Don't be silly
    바보처럼 굴다
19. Don't be timid
    소심해지다
20. Don't be mad
    크게 화내다

SPEAKING TEST

 Joking me?  Good Job CRAZY!

일단 외워 눈으로만 보면 입으로 발음할 수 없고, 발음할 수 없으면 빨리 읽을 수 없다!

1. 빠르건 느리건 창피해하지 말고 일단 무조건 **큰 소리**로 내뱉어 혀를 풀자!
2. 조금이라도 꼬이는 문장은 입에서 자연스럽게 나올 때까지 **10번 이상 반복**하자!
3. 반복 외엔 방법 없다! CRAZY LEVEL을 달성할 때까지 **미친 듯이 리피트!**

1. 울지 마.
   cry
2. 떠들지 마.
   talk
3. 잊지 마.
   forget
4. 불평하지 마.
   complain
5. 걱정하지 마.
   worry
6. 시도하지 마.
   try
7. 하지 마.
   do
8. 기대하지 마.
   expect
9. 생각하지 마.
   think
10. 서두르지 마.
    hurry
11. 늦지 마.
    late
12. 부끄러워하지 마.
    shy
13. 무서워하지 마.
    afraid
14. 게으름 피우지 마.
    lazy
15. 슬퍼하지 마.
    sad
16. 신경쓰지 마.
    nervous
17. 화내지 마.
    angry
18. 바보 같이 굴지 마.
    silly
19. 소심해지지 마.
    timid
20. 화내지 마.
    mad

GRAMMAR TEST

019 present perfect 현재완료(계속 ~해왔다)

일단 외워 *I have lived, She has gone*

1. 주어 + have + 동사의 과거분사
2. 과거에 일어난 일이 아직도 효력을 미치고 있을 때 사용한다.
3. 대화에서는 그다지 사용되지 않고 우리말로 표현하기도 마땅치 않다.

EXAMPLE

1. I have lost
   loose : 잃다(과거에 잃어버렸고 아직 찾지 못했다)
2. I have washed
   wash : 씻다(과거에 씻었고 지금도 깨끗하다)
3. He has gone out
   go out : 외출하다(과거에 외출했고 아직 안 들어왔다)
4. She has bought
   buy : 사다(과거에 샀고 지금도 가지고 있다)
5. We have received
   receive : 받다(과거에 받았고 지금도 가지고 있다)
6. I have not decided
   decide : 결심하다(아직도 결심하지 못하고 있다)
7. I have heard
   hear : 듣다(과거에 들었고 지금도 그렇게 알고 있다)
8. I have seen
   see : 보다(과거에 보았고 지금도 본다)
9. I have been
   be : 있다(과거에 있었고 지금도 있다)
10. They have moved
    move : 옮기다(과거에 이사갔고 지금도 거기 산다)
11. She has graduated
    graduate : 졸업하다(과거에 졸업했고 지금도 졸업한 상태이다)
12. He has lived
    live : 살다(과거에 살았고 지금도 살고 있다)
13. I have known
    know : 알다(과거에 알았고 지금도 알고 있다)
14. We have been here
    거기에 있다(과거에 거기에 있었고 지금도 있다)
15. I have studied
    study : 공부하다(과거에 공부했고 지금도 하고 있다)
16. She has left
    leave : 떠나다(과거에 떠났고 아직 안 돌아왔다)
17. You have changed
    change : 변하다(과거에 변했고 지금도 변한 상태이다)
18. He has worked
    work : 일하다(과거에 일했고 지금도 하고 있다)
19. I have not eaten
    eat : 먹다(과거에도 안 먹었고 지금도 먹지 않았다)
20. They have missed
    miss : 그리워하다(과거에 그리워했고 지금도 그리워한다)

SPEAKING TEST

일단 외워 눈으로만 보면 입으로 발음할 수 없고, 발음할 수 없으면 빨리 읽을 수 없다!

1. 빠르건 느리건 창피해하지 말고 일단 무조건 **큰 소리**로 내뱉어 혀를 풀자!
2. 조금이라도 꼬이는 문장은 입에서 자연스럽게 나올 때까지 **10번 이상 반복**하자!
3. 반복 외엔 방법 없다! CRAZY LEVEL을 달성할 때까지 **미친 듯이 리피트!**

1. 나는 잃어버렸다. *loose*
2. 나는 씻었다. *wash*
3. 그는 외출했다. *go out*
4. 그녀는 구입했다. *buy*
5. 우리는 받았다. *receive*
6. 나는 결정하지 않았다. *decide*
7. 나는 들었다. *hear*
8. 나는 보았다. *see*
9. 나는 있었다. *be*
10. 그들은 이사했다. *move*
11. 그녀는 졸업했다. *graduate*
12. 그는 살았다. *live*
13. 나는 알았다. *know*
14. 우리는 여기 있었다. *be here*
15. 나는 공부했다. *study*
16. 그녀는 떠났다. *leave*
17. 너는 변했다. *change*
18. 그는 일했다. *work*
19. 나는 먹지 않았다. *eat*
20. 그들은 그리워했다. *miss*

GRAMMAR TEST

020 must ~해야 한다

일단 외워 *I must go, You must study*

1. 주어 + must + 동사 : 〈주어〉는 〈동사〉해야 한다는 의미이며 강력한 의무를 나타낸다.
2. must는 동사에 뜻을 더하는 조동사이므로 동사원형과 함께 쓰인다.
3. 주어 + must not + 동사 : 〈동사〉해서는 안 된다.

EXAMPLE

1   **I must go**
    나는 반드시 가야 한다

2   **You must go**

3   **We must go**

4   **I must not go**

5   **You must not go**
    너는 가면 안 된다

6   **I must hurry**

7   **I must meet**

8   **I must study**

9   **You must study**

10   **You must know**

11   **You must buy**

12   **We must not drink**

13   **We must not enter**

14   **We must not steal**

15   **I must read**

16   **You must check**

17   **We must stay**

18   **I have to work**
    must의 구어체

19   **You have to work**

20   **We don't have to work**
    ~하지 않아도 된다

SPEAKING TEST

 Joking me?
 Good Job

 CRAZY!

일단 외워 눈으로만 보면 입으로 발음할 수 없고, 발음할 수 없으면 빨리 읽을 수 없다!

1. 빠르건 느리건 창피해하지 말고 일단 무조건 **큰 소리**로 내뱉어 혀를 풀자!
2. 조금이라도 꼬이는 문장은 입에서 자연스럽게 나올 때까지 **10번 이상 반복**하자!
3. 반복 외엔 방법 없다! CRAZY LEVEL을 달성할 때까지 **미친 듯이 리피트!**

1. 나는 가야 한다. _{go}
2. 너는 가야 한다.
3. 우리는 가야 한다.
4. 나는 가면 안 된다.
5. 너는 가면 안 된다.
6. 나는 서둘러야 한다. _{hurry}
7. 나는 만나야 한다. _{meet}
8. 나는 공부해야 한다. _{study}
9. 너는 공부해야 한다.
10. 너는 알아야 한다. _{know}
11. 너는 구입해야 한다. _{buy}
12. 우리는 마시면 안 된다. _{drink}
13. 우리는 입장하면 안 된다. _{enter}
14. 우리는 훔치면 안 된다. _{steal}
15. 나는 읽어야 한다. _{read}
16. 너는 체크해야 한다. _{check}
17. 우리는 머물러야 한다. _{stay}
18. 나는 일해야 한다. _{work}
19. 너는 일해야 한다.
20. 우리는 일하지 않아도 된다. _{don't}

GRAMMAR TEST

021 should ~해야 한다

should do, should not do

1. should + 동사 : 〈동사〉해야 한다, 하거라
2. should not + 동사 : 〈동사〉하지 말아야 한다, 하지 말거라
3. 강력한 권유, 충고 혹은 약한 의무를 나타낸다.

EXAMPLE

1. You should do
   해야겠구나
2. You should go
   가야겠구나
3. You should work
4. You should not do
   하면 안 되겠구나
5. You should not go
6. You should not work
7. I should buy
   사는 게 좋겠어
8. I should cut
9. I should read
10. I should not buy
    사지 않는 게 좋겠어
11. I should not watch
12. I should not go
13. You should not drive
14. We should stay
    머무르다
15. We should brush
    솔질하다
16. You should not drink
17. I should study
    공부하는 게 좋겠어(약한 의무)
18. I ought to study
    공부해야겠어(강한 의무)
19. You should not stop
    멈추지 않는 게 좋겠어(약한 권고)
20. You ought not to stop
    멈추면 안 되겠어(강한 권고)

SPEAKING TEST

일단 외워 눈으로만 보면 입으로 발음할 수 없고, 발음할 수 없으면 빨리 읽을 수 없다!
1. 빠르건 느리건 창피해하지 말고 일단 무조건 **큰 소리**로 내뱉어 혀를 풀자!
2. 조금이라도 꼬이는 문장은 입에서 자연스럽게 나올 때까지 **10번 이상 반복**하자!
3. 반복 외엔 방법 없다! CRAZY LEVEL을 달성할 때까지 **미친 듯이 리피트!**

1. 너는 하거라
   do
2. 너는 가거라
   go
3. 너는 일하거라
   work
4. 너는 하지 말거라
   not
5. 너는 가지 말거라
6. 너는 일하지 말거라
7. 나는 사야겠어
   buy
8. 나는 잘라야겠어
   cut
9. 나는 읽어야겠어
   read
10. 나는 사지 말아야겠어
    buy
11. 나는 시청하지 말아야겠어
    watch
12. 나는 가지 말아야겠어
    go
13. 너는 운전하지 말거라
    drive
14. 우리는 머무르는 게 좋겠어
    stay
15. 우리는 빗질해야겠어
    brush
16. 너는 마시지 말거라
    drink
17. 나는 공부해야겠어
    study
18. 나는 공부해야겠어
19. 너는 멈추지 말거라
    stop
20. 너는 멈추지 말거라

GRAMMAR TEST

022 passive 수동태

The window was broken by the boy
1. 자유의지가 없는 사물이 주어가 될 때 수동태를 쓴다.
2. 피해(손해)를 표현할 때 사용된다.
3. 우리말에는 없는 문법이지만 영어에서는 빈번하게 사용된다.

EXAMPLE

1. The room is cleaned everyday
   청소된다
2. The house was built 50 years ago
   지어졌다
3. The telephone was invented in 1876
   발명되었다   연도
4. Something must be done
   행해지다
5. This picture was painted by Gogh
   그려졌다   ~에 의해
6. The door was opened by him
7. The fruits are sold by weight
   과일   팔린다   ~로   무게
8. The computer will be delivered on Sunday
   배달되다   날짜
9. The murderer was arrested by the police officer
   살인자   체포당했다   경찰관
10. The window was broken by the boy
    깨어졌다
11. This doll was made by her
12. You were kissed by me
    키스당했다
13. The letter was written by me
    쓰여졌다
14. America was discovered by Columbus
    발견되었다
15. His car is being washed by me
    씻겨지고 있는 중이다
16. My pencil is being used by Tom
    사용되어지고 있는 중이다
17. The office is being cleaned
    청소되고 있는 중이다
18. The door is being painted
    페인트칠 되고 있는 중이다
19. My car is being repaired
    수리되고 있는 중이다
20. The computer is being used by Henry

SPEAKING TEST

일단 외워 눈으로만 보면 입으로 발음할 수 없고, 발음할 수 없으면 빨리 읽을 수 없다!
1. 빠르건 느리건 창피해하지 말고 일단 무조건 **큰 소리**로 내뱉어 혀를 풀자!
2. 조금이라도 꼬이는 문장은 입에서 자연스럽게 나올 때까지 **10번 이상 반복**하자!
3. 반복 외엔 방법 없다! CRAZY LEVEL을 달성할 때까지 **미친 듯이 리피트!**

1. 그 방은 매일 청소된다.
   everyday clean
2. 그 집은 50년 전에 지어졌다.
   ago build
3. 그 전화는 1876년에 발명되었다.
   18/76 in invent
4. 무언가 반드시 행해져야 한다.
   something do must
5. 그 그림은 고흐에 의해 그려졌다.
   Gogh paint
6. 그 문은 그에 의해 열려졌다.
   open
7. 그 과일은 무게로 팔린다.
   by weight sell
8. 그 컴퓨터는 일요일에 배송될 것이다.
   on deliver will
9. 그 살인자는 경찰에 의해 체포되었다.
   arrest
10. 그 창문은 그 소년에 의해 깨졌다.
    break
11. 이 인형은 그녀에 의해 만들여졌다.
    doll make
12. 너는 나에 의해 키스당했다.
    kiss
13. 그 편지는 나에 의해 쓰여졌다.
    write
14. 아메리카는 컬럼버스에 의해 발견되었다.
    discover
15. 그의 차는 나에 의해 씻겨지고 있는 중이다.
    wash
16. 내 연필은 톰에 의해 사용되고 있는 중이다.
    use
17. 그 사무실은 청소되어지고 있는 중이다.
    clean
18. 그 문은 페인트 칠이 되어지고 있는 중이다.
    paint
19. 내 차는 수리되어지고 있는 중이다.
    repair
20. 그 컴퓨터는 헨리에 의해 사용되고 있는 중이다.
    use

GRAMMAR TEST

 can ~할 수 있다(가능, 능력)

일단 외워 *I can do, You can do, We can do*
1. 주어 + can + 동사 : 〈주어〉는 〈동사〉할 수 있다.
2. can은 동사에 뜻을 더하는 조동사이므로 동사원형과 함께 쓰인다.
3. 과거형은 could + 동사원형 : 〈동사〉할 수 있었다.

EXAMPLE

1. I can do
   can + 동사원형 = 〈동사〉할 수 있다
2. You cannot do
   ~할 수 없다
3. He can do
4. She cannot do
5. We can do
6. I cannot drink
7. You can watch
8. He cannot sell
9. She can buy
10. They cannot play
11. I can invite
    초대하다
12. You cannot wash
13. He can drive
    운전하다
14. She cannot drive
15. They can dance
16. I cannot sing
    노래하다
17. You can be happy
    행복해질 수 있다
18. He can enter
    들어가다
19. She can use
20. They cannot make

SPEAKING TEST

일단 외워 눈으로만 보면 입으로 발음할 수 없고, 발음할 수 없으면 빨리 읽을 수 없다!

1. 빠르건 느리건 창피해하지 말고 일단 무조건 **큰 소리**로 내뱉어 혀를 풀자!
2. 조금이라도 꼬이는 문장은 입에서 자연스럽게 나올 때까지 **10번 이상 반복**하자!
3. 반복 외엔 방법 없다! CRAZY LEVEL을 달성할 때까지 **미친 듯이 리피트!**

1   나는 할 수 있다.
    can
2   너는 할 수 없다.
3   그는 할 수 있다.
4   그녀는 할 수 없다.
5   우리는 할 수 있다.
6   나는 마실 수 없다.
7   너는 시청할 수 있다.
8   그는 판매할 수 없다.
9   그녀는 구입할 수 있다.
10 그들은 연주할 수 없다.
11 나는 초대할 수 있다.
12 너는 씻을 수 없다.
13 그는 운전할 수 있다.
14 그녀는 운전할 수 없다.
15 그들은 춤출 수 있다.
16 나는 노래할 수 없다.
17 너는 행복해질 수 있다.
18 그는 입장할 수 있다.
19 그녀는 사용할 수 있다.
20 그들은 만들 수 없다.

반복 외엔 방법 없다
미친듯이 리피트
CRAZY REPEAT

DOUBLE DECKED OMNIBUS, LONDON 1850

PREVIEW

SECOND STAGE
ELEMENTARY GRAMMAR

many, much	024	많은
little, few, a little, a few	025	거의 없는, 약간 있는
some, any	026	불특정 수량
some, any	027	몇몇, 좀
comparative, superative	028	비교급, 최상급
more than	029	~보다 더 ~한
too, so	030	너무 ~한, 아주 ~한
too	031	너무
enough + ad.	032	충분히(형용사)
enough + noun	033	충분한(명사)
everybody, nobody	034	모두, 아무도
something, anything	035	무언가, 어떤것도
anything, nothing	036	어떤 것, 아무것도 ~않다
when + past	037	~했을 때
when + present	038	~하면(조건)
ing	039	~하는(현재분사)
-ly	040	~하게(부사)
what	041	관계대명사
where	042	관계대명사
that	043	관계대명사
who, which	044	관계대명사

GRAMMAR TEST

024 many, much 많은

일단 외워 *many + countable, much + uncountable*
1. many : 셀 수 있는 명사(가산명사)의 개수가 많을 때 쓰인다.
2. much : 셀 수 없는 명사(불가산명사)의 양이 많을 때 쓰인다.
3. 대표적인 불가산명사 : 물(액체), 설탕(가루), 돈(종이), 빵(덩어리), 시간(무형), 눈(기상)

EXAMPLE

1. many books
   가산명사
2. much money
   불가산명사
3. many girls
   가산명사
4. much water
   불가산명사
5. many students
   가산명사
6. much coffee
   불가산명사(액체)
7. many people
   가산명사
8. much juice
   불가산명사(액체)
9. many cars
   가산명사
10. much debt
    불가산명사(추상명사)
11. many things
    가산명사
12. much food
    불가산명사(집합명사)
13. many hours
    가산명사
14. much time
    불가산명사(추상명사)
15. many countries
    가산명사
16. much snow
    불가산명사
17. many dogs
18. much homework
    불가산명사
19. How many times
    횟수(가산)
20. How much time
    시간(불가산)

SPEAKING TEST

 Joking me? Good Job  CRAZY!

일단 외워 눈으로만 보면 입으로 발음할 수 없고, 발음할 수 없으면 빨리 읽을 수 없다!
1. 빠르건 느리건 창피해하지 말고 일단 무조건 **큰 소리**로 내뱉어 혀를 풀자!
2. 조금이라도 꼬이는 문장은 입에서 자연스럽게 나올 때까지 **10번 이상 반복**하자!
3. 반복 외엔 방법 없다! CRAZY LEVEL을 달성할 때까지 **미친 듯이 리피트!**

1 많은 책들 book
2 많은 돈 money
3 많은 소녀들 girl
4 많은 물 water
5 많은 학생들 student
6 많은 커피 coffee
7 많은 사람들 people
8 많은 주스 juice
9 많은 자동차들 car
10 많은 빚 debt
11 많은 것들 thing
12 많은 식량 food
13 몇 시간 hour
14 많은 시간 time
15 많은 나라들 country
16 많은 눈 snow
17 많은 개들 dog
18 많은 숙제 homework
19 얼마나 많은 횟수 times
20 얼마나 많은 시간 time

GRAMMAR TEST

025 little, few 거의 없는, a little, a few 약간 있는

일단 외워 *little + uncountable, few + countable*
1. little + 불가산명사 : 〈명사〉가 거의 없는(가산명사에 쓰이면 크기가 작다는 뜻이 됨).
2. few + 가산명사 : 〈명사〉가 거의 없는.
3. little과 few는 거의 없다는 부정적 의미이나 'a'가 붙으면 조금은 있다는 긍정이 됨.

EXAMPLE

1. little water
   거의 없는   불가산명사
2. a little water
   조금 있는
3. few books
   거의 없는   가산명사
4. a few books
   조금 있는
5. little money
6. a little money
7. few children
8. a few children
9. little time
10. a little time
11. few things
12. a few things
13. little food
14. a little food
15. few friends
16. a few friends
17. few people
18. a few people
19. a little Tabasco
    타바스코 소스(불가산명사 – 액체)
20. a little sugar
    설탕(불가산명사 – 가루)

SPEAKING TEST

 Joking me?  Good Job  CRAZY!

일단 외위 눈으로만 보면 입으로 발음할 수 없고, 발음할 수 없으면 빨리 읽을 수 없다!

1. 빠르건 느리건 창피해하지 말고 일단 무조건 **큰 소리**로 내뱉어 혀를 풀자!
2. 조금이라도 꼬이는 문장은 입에서 자연스럽게 나올 때까지 **10번 이상 반복**하자!
3. 반복 외엔 방법 없다! CRAZY LEVEL을 달성할 때까지 **미친 듯이 리피트!**

1. 물이 거의 없는.
2. 물이 조금 있는.
3. 책이 거의 없는.
4. 책이 조금 있는.
5. 돈이 거의 없는.
6. 돈이 약간 있는.
7. 아이들이 거의 없는.
8. 아이들이 조금 있는.
9. 시간이 거의 없는.
10. 시간이 조금 있는.
11. 물건이 거의 없는.
12. 물건이 조금 있는.
13. 음식이 거의 없는.
14. 음식이 약간 있는.
15. 친구가 거의 없는.
16. 친구가 약간 있는.
17. 사람들이 거의 없는.
18. 사람들이 약간 있는.
19. 타바스코 약간.
    Tabasco
20. 설탕 약간.
    sugar

GRAMMAR TEST

026 some, any 불특정 수량

일단 외워 **some + positive, any + negative**
1. some : 긍정문에서 막연한 수량을 나타낸다.
2. any : 부정문과 의문문에서 막연한 수량을 나타낸다.
3. 부탁이나 권유하는 의문문에서는 some이 공손한 의미로 쓰인다.

EXAMPLE

1. I made some mistakes
   긍정문
2. I did not make any mistakes
   부정문
3. He bought some clothes
   buy
4. He did not buy any clothes
5. She has some friends
6. She does not have any friends
7. They took some pictures
   take
8. They did not take any pictures
9. There is some water
10. There is not any water
11. Do you need any help?
    의문문
12. Yes, I need some help
13. Does he have any friends?
14. Yes, he has some friends
15. Did she buy any clothes?
16. Yes, she bought some clothes
17. Can I have some coffee, please?
    요청할 때는 some이 정중하게 들림
18. Can I have some water, please?
19. Would you like some coffee?
    권유할 때도 some이 더 정중하게 들림
20. Would you like some earphones?

SPEAKING TEST

> **일단 외워** 눈으로만 보면 입으로 발음할 수 없고, 발음할 수 없으면 빨리 읽을 수 없다!
> 1. 빠르건 느리건 창피해하지 말고 일단 무조건 **큰 소리**로 내뱉어 혀를 풀자!
> 2. 조금이라도 꼬이는 문장은 입에서 자연스럽게 나올 때까지 **10번 이상 반복**하자!
> 3. 반복 외엔 방법 없다! CRAZY LEVEL을 달성할 때까지 **미친 듯이 리피트!**

1. 나는 약간의 실수를 했다.
   _{make mitake}
2. 나는 약간의 실수도 하지 않았다.
3. 그는 약간의 옷을 샀다.
   _{buy}
4. 그는 약간의 옷도 사지 않았다.
5. 그녀는 약간의 친구들을 가지고 있다.
   _{have}
6. 그녀는 약간의 친구도 없다.
7. 그들은 약간의 사진을 찍었다.
   _{take picture}
8. 그들은 약간의 사진도 찍지 않았다.
9. 약간의 물이 있다.
10. 약간의 물도 없다.
11. 도움이 좀 필요하신가요?
    _{help   need}
12. 네. 도움이 좀 필요합니다.
13. 그는 친구는 좀 있니?
    _{have}
14. 응. 그는 친구가 좀 있어.
15. 그녀는 옷을 좀 샀니?
    _{buy}
16. 응. 그녀는 옷을 좀 샀어.
17. 커피를 좀 마실 수 있나요?
    _{have   can I ~}
18. 물을 좀 마실 수 있나요?
    _{have   can I ~}
19. 커피 좀 드릴까요?
    _{would you like}
20. 이어폰 좀 드릴까요?
    _{would you like}

GRAMMAR TEST

027 some 몇몇, any 좀

Do you have any books? I have some books.

1. some : 긍정문에서 2개 이상의 수량을 나타낼 때 쓰인다.
2. any : 의문문에서 불특정한 수량을 나타낼 때 쓰인다.
3. 긍정문에서 some은, 있지만 많지 않음을 나타낸다.

EXAMPLE

1. Do you have any books?
2. I have some books. Not many
3. Do you have any money?
4. I have some money. Not much
5. Do you have any friends?
6. I have some friends. Not many
7. Do you have any information?
8. I have some information. Not much
9. Do you have any photos?
10. I have some photos. Not many
11. Do you have any food?
12. I have some food. Not much
13. Do you have any books?
14. I have many books
15. Do you drink much coffee?
16. I drink a lot of coffee
17. I do not drink much coffee
18. Do you have much money?
19. I have a lot of money
20. I do not have much money

SPEAKING TEST

일단 외워 눈으로만 보면 입으로 발음할 수 없고, 발음할 수 없으면 빨리 읽을 수 없다!

1. 빠르건 느리건 창피해하지 말고 일단 무조건 **큰 소리**로 내뱉어 혀를 풀자!
2. 조금이라도 꼬이는 문장은 입에서 자연스럽게 나올 때까지 **10번 이상 반복**하자!
3. 반복 외엔 방법 없다! CRAZY LEVEL을 달성할 때까지 **미친 듯이 리피트!**

1. 너는 약간의 책들을 가지고 있니?
   <small>some, any</small>
2. 나는 약간의 책들을 가지고 있어. 많진 않아.
   <small>some, any</small> <small>many, much</small>
3. 너는 약간의 돈을 가지고 있니?
   <small>some, any</small>
4. 나는 약간의 돈을 가지고 있어. 많진 않아.
   <small>some, any</small> <small>many, much</small>
5. 너는 약간의 친구들을 가지고 있니?
   <small>some, any</small>
6. 나는 약간의 친구들을 가지고 있어. 많진 않아.
   <small>some, any</small> <small>many, much</small>
7. 너는 약간의 정보를 가지고 있니?
   <small>some, any</small>
8. 나는 약간의 정보를 가지고 있어. 많진 않아.
   <small>some, any</small> <small>many, much</small>
9. 너는 약간의 사진들을 가지고 있니?
   <small>some, any</small>
10. 나는 약간의 사진들을 가지고 있어. 많진 않아.
    <small>some, any</small> <small>many, much</small>
11. 너는 약간의 음식을 가지고 있니?
    <small>some, any</small>
12. 나는 약간의 음식을 가지고 있어. 많진 않아.
    <small>some, any</small> <small>many, much</small>
13. 너는 약간의 책들을 가지고 있니?
    <small>many, much</small>
14. 나는 많은 책들을 가지고 있어.
    <small>many, much</small>
15. 너는 많은 커피를 마시니?
16. 나는 많은 커피를 마셔.
17. 나는 많은 커피를 마시지 않아.
18. 너는 많은 돈을 가지고 있니?
19. 나는 많은 돈을 가지고 있어.
20. 나는 많은 돈을 가지고 있지 않아.

GRAMMAR TEST

028 comparative 비교급, superative 최상급

일단 외워 *faster, the fastest, more important, the most important*

1. 단음절 형용사 : 형용사er, the + 형용사est
2. 복음절 형용사 : more 형용사, the most 형용사
3. many, little, good, bad는 형태가 완전히 바뀌므로 외워야 한다.

EXAMPLE

1. **fast, faster, the fastest**
   빠른(fast : 1음절)
2. **small, smaller, the smallest**
   작은(small : 1음절)
3. **tall, taller, the tallest**
   키가 큰(tall : 1음절)
4. **high, higher, the highest**
   높은(high : 1음절)
5. **long, longer, the longest**
   긴(long : 1음절)
6. **short, shorter, the shortest**
   짧은(short : 1음절)
7. **easy, easier, the easiest**
   쉬운(ea/sy 2음절이지만 y로 끝나면 –er, –est)
8. **heavy, heavier, the heaviest**
   무거운(ea/sy 2음절이지만 y로 끝나면 –er, –est)
9. **hard, harder, the hardest**
   어려운(hard : 1음절)
10. **beautiful, more beautiful, the most beautiful**
    아름다운(beau/ti/ful 3음절)
11. **exciting, more exciting, the most exciting**
    흥분되는(ex/ci/ting 3음절)
12. **famous, more famous, the most famous**
    유명한(모음이 a, ou 2개)
13. **expensive, more expensive, the most expensive**
    비싼(ex/pen/sive 3음절)
14. **interesting, more interesting, the most interesting**
    비싼(in/ter/res/ting 4음절)
15. **important, more important, the most important**
    비싼(im/por/tant 3음절)
16. **difficult, more difficult, the most difficult**
    비싼(di/ffi/cult 3음절)
17. **good, better, the best**
    좋은   더 좋은   가장 좋은 (법칙 없으니 그냥 외워)
18. **bad, worse, the worst**
    나쁜   더 나쁜   최악의 (법칙 없으니 그냥 외워)
19. **many, more, the most**
    많은   더 많은   가장 많은 (법칙 없으니 그냥 외워)
20. **little, less, the least**
    적은   더 적은   최소한의 (법칙 없으니 그냥 외워)

SPEAKING TEST

일단 외워 눈으로만 보면 입으로 발음할 수 없고, 발음할 수 없으면 빨리 읽을 수 없다!
1. 빠르건 느리건 창피해하지 말고 일단 무조건 **큰 소리**로 내뱉어 혀를 풀자!
2. 조금이라도 꼬이는 문장은 입에서 자연스럽게 나올 때까지 **10번 이상 반복**하자!
3. 반복 외엔 방법 없다! CRAZY LEVEL을 달성할 때까지 **미친 듯이 리피트!**

1. 빠른, 더 빠른, 가장 빠른
   fast
2. 작은, 더 작은, 가장 작은
   small
3. 키가 큰, 키가 더 큰, 키가 가장 큰
   tall
4. 높은, 더 높은, 가장 높은
   high
5. 긴, 더 긴, 가장 긴
   long
6. 짧은, 더 짧은, 가장 짧은
   short
7. 쉬운, 더 쉬운, 가장 쉬운
   easy
8. 무거운, 더 무거운, 가장 무거운
   heavy
9. 단단한, 더 단단한, 가장 단단한
   hard
10. 아름다운, 더 아름다운, 가장 아름다운
    beautiful
11. 신나는, 더 신나는, 가장 신나는
    exciting
12. 유명한, 더 유명한, 가장 유명한
    famous
13. 비싼, 더 비싼, 가장 비싼
    expensive
14. 재밌는, 더 재밌는, 가장 재밌는
    interesting
15. 중요한, 더 중요한, 가장 중요한
    important
16. 어려운, 더 어려운, 가장 어려운
    difficult
17. 좋은, 너 좋은, 가장 좋은
    good
18. 나쁜, 더 나쁜, 가장 나쁜
    bad
19. 많은, 더 많은, 가장 많은
    many
20. 적은, 더 적은, 가장 적은
    little

GRAMMAR TEST

029 more than ~보다 더 ~한

일단 외워 *I am taller than you*
1. 형용사 비교급 + than + 비교대상 : 〈비교대상〉보다 더 〈형용사〉한 상태인.
2. 1음절 형용사와 복음절 형용사의 경우를 충분히 연습한다.
3. good, bad, many, little의 경우는 단어의 형태가 완전히 바뀌므로 외워야 한다.

EXAMPLE

1. younger than
   더 젊은   ~보다
2. older than
3. faster than
4. easier than
5. higher than
6. longer than
7. shorter than
8. bigger than
9. smaller than
10. more expensive than
    더   비싼   ~보다
11. more important than
12. more handsome than
13. more beautiful than
14. more difficult than
15. more intelligent than
    지능적인
16. more comfortable than
    편안한
17. better than
    더 좋은
18. worse than
    더 나쁜
19. more than
    더 많은   ~보다(~이상)
20. less than
    더 적은   ~보다(~이하)

SPEAKING TEST

일단 외워 눈으로만 보면 입으로 발음할 수 없고, 발음할 수 없으면 빨리 읽을 수 없다!

1. 빠르건 느리건 창피해하지 말고 일단 무조건 **큰 소리**로 내뱉어 혀를 풀자!
2. 조금이라도 꼬이는 문장은 입에서 자연스럽게 나올 때까지 **10번 이상 반복**하자!
3. 반복 외엔 방법 없다! CRAZY LEVEL을 달성할 때까지 **미친 듯이 리피트!**

1. ~보다 더 젊은
2. ~보다 더 늙은
3. ~보다 더 빠른
4. ~보다 더 쉬운
5. ~보다 더 높은
6. ~보다 더 긴
7. ~보다 더 짧은
8. ~보다 더 큰
9. ~보다 더 작은
10. ~보다 더 비싼
11. ~보다 더 중요한
    important
12. ~보다 더 잘생긴
13. ~보다 더 아름다운
14. ~보다 더 어려운
    difficult
15. ~보다 더 지능적인
    intelligent
16. ~보다 더 편안한
    comfortable
17. ~보다 더 좋은
18. ~보다 더 나쁜
19. ~보다 더 많은
20. ~보다 더 적은

GRAMMAR TEST

030 too 너무~한, so 아주~한

일단 외워 *too = negative, so = positive*
1. too + 형용사 : 지나치게 〈형용사〉한 상태인.
2. so + 형용사 : 매우 〈형용사〉한 상태인.
3. not so + 형용사 : 그다지 〈형용사〉한 상태가 아닌(부정적 뉘앙스)

EXAMPLE

1. **too many**
   너무(부정적)
2. **too much**
3. **too big**
4. **too hard**
5. **too small**
6. **too hot**
7. **too heavy**
8. **too fast**
9. **too young**
10. **too busy**
11. **so many**
    매우(긍정적)
12. **so much**
13. **so big**
14. **so hard**
15. **so sorry**
16. **not so good**
    그다지 좋지 않은
17. **not so simple**
    그다지 ~않은
18. **not so long**
19. **not so comfortable**
20. **not so happy**

SPEAKING TEST

Joking me? Good Job CRAZY!

일단 외워 눈으로만 보면 입으로 발음할 수 없고, 발음할 수 없으면 빨리 읽을 수 없다!

1. 빠르건 느리건 창피해하지 말고 일단 무조건 **큰 소리**로 내뱉어 혀를 풀자!
2. 조금이라도 꼬이는 문장은 입에서 자연스럽게 나올 때까지 **10번 이상 반복**하자!
3. 반복 외엔 방법 없다! CRAZY LEVEL을 달성할 때까지 **미친 듯이 리피트!**

1 너무 많은
   many

2 너무 많은
   much

3 너무 큰

4 너무 어려운
   hard

5 너무 작은

6 너무 뜨거운

7 너무 무거운
   heavy

8 너무 빠른

9 너무 어린
   young

10 너무 바쁜

11 아주 많은
   so

12 아주 많은

13 아주 큰

14 아주 어려운
   hard

15 아주 미안한
   sorry

16 그리 좋지 않은
   not so

17 그리 간단하지 않은
   simple

18 그리 길지 않은
   long

19 그리 편안하지 않은
   comfprtable

20 그리 행복하지 않은
   happy

77

GRAMMAR TEST

031 too 너무, 지나치게

일단 외워 too hot
1. too + 형용사 : 너무 〈형용사〉한 상태인
2. 부정적인 뉘앙스가 있으므로 주의해서 사용해야 한다.
3. so + 형용사 : 아주 〈형용사〉한 상태인

EXAMPLE

1. too hot
   너무
2. too cold
   지나치게
3. too difficult
4. too far
5. too hard
6. too busy
7. too late
8. too large
9. too soon
   이른
10. too easy
11. too hot to drink
    ~하기에
12. too cold to swim
13. too difficult to answer
14. too far to walk
15. too hard to do
16. too busy to exercise
    운동하다
17. too late to say so
    그렇게 말하다
18. too large to display
    큰   표시하다
19. too soon to tell
20. too easy to copy
    복사하기에

SPEAKING TEST

눈으로만 보면 입으로 발음할 수 없고, 발음할 수 없으면 빨리 읽을 수 없다!
1. 빠르건 느리건 창피해하지 말고 일단 무조건 **큰 소리**로 내뱉어 혀를 풀자!
2. 조금이라도 꼬이는 문장은 입에서 자연스럽게 나올 때까지 **10번 이상 반복**하자!
3. 반복 외엔 방법 없다! CRAZY LEVEL을 달성할 때까지 **미친 듯이 리피트!**

1 지나치게(너무) 뜨거운.

2 지나치게(너무) 차가운.

3 지나치게(너무) 어려운.

4 지나치게(너무) 먼.
   far

5 지나치게(너무) 힘든.
   hard

6 지나치게(너무) 바쁜.

7 지나치게(너무) 늦은.

8 지나치게(너무) 큰.
   large

9 지나치게(너무) 이른.
   soon

10 지나치게(너무) 쉬운.

11 마시기엔 너무 뜨거운.
   to drink

12 수영하기엔 너무 추운.
   swim

13 대답하기엔 너무 어려운.
   answer

14 운동하기엔 너무 바쁜.
   exercise

15 걷기엔 너무 먼.
   walk

16 하기엔 너무 어려운.
   do

17 그렇게 말하기엔 너무 늦은.
   say so

18 표시하기엔 너무 큰.
   display   *large*

19 말해주기엔 너무 이른.
   tell   *soon*

20 복사하기엔 너무 쉬운.
   copy

GRAMMAR TEST

032　enough + adj. 충분히 ~한

일단 외워　*rich enough*

1. 형용사 + enough : 충분히 〈형용사〉한 상태인
2. 형용사 + enough + to + 〈동사〉: 〈동사〉하기에 충분히 〈형용사〉한 상태
3. enough + 명사 : 충분한 〈명사〉

EXAMPLE

1. good enough
   충분히
2. rich enough
3. easy enough
4. tall enough
5. big enough
6. fast enough
7. warm enough
8. hot enough
9. clever enough
   총명한
10. smart enough
    똑똑한
11. good enough to be a leader
    훌륭한　　~가 되기에　리더
12. rich enough to buy a car
13. easy enough to understand
14. tall enough to reach heaven
    　　　　　　닿다　　하늘
15. big enough to accommodate 20 people
    　　　　　　　수용하다
16. fast enough to win the race
    　　　　　　　이기다
17. warm enough to swim
18. hot enough to melt the steel
    　　　　　　녹이다　　철
19. clever enough to understand
20. smart enough to solve the problem
    　　　　　　　해결하다　　문제

80

SPEAKING TEST

일단 외워 눈으로만 보면 입으로 발음할 수 없고, 발음할 수 없으면 빨리 읽을 수 없다!

1. 빠르건 느리건 창피해하지 말고 일단 무조건 **큰 소리**로 내뱉어 혀를 풀자!
2. 조금이라도 꼬이는 문장은 입에서 자연스럽게 나올 때까지 **10번 이상 반복**하자!
3. 반복 외엔 방법 없다! CRAZY LEVEL을 달성할 때까지 **미친 듯이 리피트!**

1. 충분히 좋은.
   good
2. 충분히 부유한.
   rich
3. 충분히 쉬운.
   easy
4. 충분히 키가 큰.
   tall
5. 충분히 큰.
   big
6. 충분히 빠른.
   fast
7. 충분히 따뜻한.
   warm
8. 충분히 뜨거운.
   hot
9. 충분히 총명한.
   clever
10. 충분히 똑똑한.
    smart
11. 리더가 될 만큼 충분히 훌륭한.
    to be   good
12. 차를 살 만큼 충분히 부유한.
    to buy
13. 이해할 만큼 충분히 쉬운.
    to understand
14. 하늘에 닿을 만큼 충분히 키가 큰.
    to reach
15. 20명을 수용할 만큼 충분히 큰.
    to accomodate   big
16. 경주에서 이길 만큼 충분히 빠른.
    to win
17. 수영할 만큼 충분히 따뜻한.
    to swim
18. 철을 녹일 만큼 충분히 뜨거운.
    steel   to melt
19. 이해할 만큼 충분히 총명한.
    clever
20. 그 문제를 해결할 만큼 충분히 똑똑한.
    problem solve   smart

GRAMMAR TEST

033　enough + noun 충분한 ~

일단 외워 *enough money*

1. enough + 명사 : 충분한 〈명사〉
2. enough + 명사 + to + 〈동사〉 : 〈동사〉하기에 충분한 〈명사〉
3. 형용사 + enough : 충분히 〈형용사〉한 상태인

EXAMPLE

1. enough money
   충분한　　돈
2. enough time
3. enough fuel
   연료
4. enough water
5. enough evidence
   증거
6. enough change
   잔돈
7. enough chairs
8. enough sleep
   수면
9. enough food
10. enough income
    수입
11. enough money to buy a computer
    ~하기에
12. enough time to go there
13. enough gas to get home
    휘발유 : gasoline 도달하다
14. enough water to drink
15. enough evidence to convict
    유죄를 선고하다
16. Do you have enough change?
    너는 가지고 있니?
17. enough chairs for everybody
    ~에게
18. I get enough sleep every night
    갖다
19. enough food for everybody
20. enough income to pay the rent
    지불하다　　임대료

SPEAKING TEST

일단 외워 눈으로만 보면 입으로 발음할 수 없고, 발음할 수 없으면 빨리 읽을 수 없다!

1. 빠르건 느리건 창피해하지 말고 일단 무조건 **큰 소리**로 내뱉어 혀를 풀자!
2. 조금이라도 꼬이는 문장은 입에서 자연스럽게 나올 때까지 **10번 이상 반복**하자!
3. 반복 외엔 방법 없다! CRAZY LEVEL을 달성할 때까지 **미친 듯이 리피트!**

1. 충분한 돈.
    enough
2. 충분한 시간
3. 충분한 연료.
    fuel
4. 충분한 물.
5. 충분한 증거.
    evidence
6. 충분한 잔돈.
    change
7. 충분한 의자들.
8. 충분한 수면.
    sleep
9. 충분한 음식.
10. 충분한 수입.
    income
11. 컴퓨터를 사기에 충분한 돈.
    to buy
12. 거기 가기에 충분한 시간.
    to go
13. 집에 도달하기에 충분한 개솔린.
    to get home *gas*
14. 마시기에 충분한 물.
    to drink
15. 유죄를 선고하기에 충분한 증거.
    to convict
16. 너는 충분한 잔돈이 있니?
    have
17. 모두에게 충분한 의자들.
    for
18. 나는 매일 밤 충분한 수면을 취한다.
    get
19. 모두에게 충분한 음식.
    for
20. 임대료를 지불하기에 충분한 수입.
    rent *to pay*

GRAMMAR TEST

034 everybody 모두, nobody 아무도

일단 외워 *Nobody knows, Everybody knows*
1. everybody : 모두(단수취급)
2. nobody : 아무도 ~않다(단수취급)
3. everybody와 nobody는 구어체, everyone과 no one은 문어체에서 주로 쓰인다.

EXAMPLE

1. Nobody knows
   아무도 ~않다   3단현s
2. Everybody knows
   모두 ~ 한다   3단현s
3. Nobody can
4. Everybody can
5. Nobody wants
6. Everybody wants
7. Nobody loves
8. Everybody loves
9. Nobody tells
10. Everybody tells
11. Nobody has
12. Everybody has
13. Nobody needs
14. Everybody needs
15. Nobody is hungry
16. Everybody is hungry
17. Nobody is perfect
18. Everybody is perfect
19. Nobody in the classroom
    교실 안
20. Everybody in the classroom

84

SPEAKING TEST

일단 외워 눈으로만 보면 입으로 발음할 수 없고, 발음할 수 없으면 빨리 읽을 수 없다!
1. 빠르건 느리건 창피해하지 말고 일단 무조건 **큰 소리**로 내뱉어 혀를 풀자!
2. 조금이라도 꼬이는 문장은 입에서 자연스럽게 나올 때까지 **10번 이상 반복**하자!
3. 반복 외엔 방법 없다! CRAZY LEVEL을 달성할 때까지 **미친 듯이 리피트!**

1 아무도 모른다.
     know
2 모두가 안다.
3 아무도 못 한다.
     can
4 모두가 할 수 있다.
5 아무도 원하지 않는다.
     want
6 모두가 원한다.
7 아무도 사랑하지 않는다.
     love
8 모두가 사랑한다.
9 아무도 말해주지 않는다.
     tell
10 모두가 말해준다.
11 아무도 가지고 있지 않다.
     have
12 모두가 가지고 있다.
13 아무도 필요로 하지 않는다.
     need
14 모두가 필요로 한다.
15 아무도 배고프지 않다.
     hungry
16 모두가 배고프다.
17 아무도 완벽하지 않다.
     perfect
18 모두가 완벽하다.
19 교실 안의 아무도.
     in the classroom
20 교실 안의 모두가.

GRAMMAR TEST

035 something 무언가, anything 어떤 것도

일단 외워 *I need something, I don't need anything*

1. something : 긍정문에서 막연한 사항을 가리킬 때 쓰인다.
2. anything : 부정문에서 막연한 사항을 가리킬 때 쓰인다.
3. not anything = nothing

EXAMPLE

1. She says something to me (긍정문)
2. She does not say anything to me (부정문)
3. I can see something
4. I cannot see anything
5. He eats something
6. He does not eat anything
7. They find something
8. They cannot find anything
9. I want to change something
10. I do not want change anything
11. He buys something
12. He does not buy anything
13. There is something in the bag
14. There is not anything in the bag
15. Tell me something
16. Do not tell anything
17. There is something
18. There is not anything
19. We need something
20. We do not need anything

SPEAKING TEST

반복 외엔 방법 없다 **미친듯이 리피트**

 Joking me?
 Good Job
 CRAZY!

일단 외워 눈으로만 보면 입으로 발음할 수 없고, 발음할 수 없으면 빨리 읽을 수 없다!

1. 빠르건 느리건 창피해하지 말고 일단 무조건 **큰 소리**로 내뱉어 혀를 풀자!
2. 조금이라도 꼬이는 문장은 입에서 자연스럽게 나올 때까지 **10번 이상 반복**하자!
3. 반복 외엔 방법 없다! CRAZY LEVEL을 달성할 때까지 **미친 듯이 리피트!**

1. 그녀는 나에게 뭔가 말한다.
   _{to me   say}
2. 그녀는 나에게 어떤 것도 말하지 않는다.
3. 나는 뭔가 볼 수 있다.
   _{see   can}
4. 나는 어떤 것도 볼 수 없다.
5. 그는 뭔가를 먹는다.
   _{eat}
6. 그는 어떤 것도 먹지 않는다.
7. 그들은 뭔가를 찾는다.
   _{find}
8. 그들은 어떤 것도 찾을 수 없다.
9. 나는 뭔가 바꾸기를 원한다.
   _{cahnge   want}
10. 나는 어떤 것도 바꾸기를 원하지 않는다.
11. 그는 뭔가 산다.
    _{buy}
12. 그는 어떤 것도 사지 않는다.
13. 가방 안에 뭔가 있다.
    _{in the bag}
14. 가방 안에 어떤 것도 없다.
15. 나에게 뭔가 말해줘.
    _{me   tell}
16. 어떤 것도 말해주지 마.
17. 뭔가 있다.
    _{there is}
18. 어떤 것도 없다.
19. 우리는 뭔가를 필요로 한다.
    _{need}
20. 우리는 어떤 것도 필요로하지 않는다.

GRAMMAR TEST

036 anything 어떤 것, nothing 아무것도 ~않다

일단 외워 *He said nothing, He did not say anything*
1. nothing : 아무것도 ~하지 않다(단어에 not의 의미가 포함되어 있음).
2. nothing = not anything
3. anything : 부정문에서 쓰인다(어떤 것도).

EXAMPLE

1. He says nothing
   아무것도 ~하지 않다
2. He does not say anything
3. I remember nothing
   기억하다
4. I connot remember anything
5. There is not anything
6. There is nothing
7. She knows nothing
   3단현s
8. She does not know anything
9. We need nothing
   ~를 필요로하다
10. We do not need anything
11. I can hear nothing
    듣다
12. I cannot hear anything
13. He will do nothing
14. He will not do anything
15. I can do nothing
16. I cannot do anything
17. Do nothing
    아무것도 하지 마
18. Do not do anything
19. She could find nothing
    찾다
20. She could not find anything

SPEAKING TEST

일단 외워 눈으로만 보면 입으로 발음할 수 없고, 발음할 수 없으면 빨리 읽을 수 없다!
1. 빠르건 느리건 창피해하지 말고 일단 무조건 **큰 소리**로 내뱉어 혀를 풀자!
2. 조금이라도 꼬이는 문장은 입에서 자연스럽게 나올 때까지 **10번 이상 반복**하자!
3. 반복 외엔 방업 없다! CRAZY LEVEL을 달성할 때까지 **미친 듯이 리피트!**

1. 그는 아무것도 말하지 않는다.
   say
2. 그는 어떤 것도 말하지 않는다.
3. 나는 아무것도 기억나지 않는다.
   remember
4. 나는 어떤 것도 기억할 수 없다.
5. 어떤 것도 없다.
   is
6. 아무것도 없다.
   is
7. 그녀는 아무것도 모른다.
   know
8. 그녀는 어떤 것도 모른다.
9. 우리는 아무 것도 필요로 하지 않는다.
   need
10. 우리는 어떤 것도 필요로 하지 않는다.
11. 나는 아무 것도 들을 수 없다.
    hear
12. 나는 어떤 것도 들을 수 없다.
13. 그는 아무 것도 하지 않을 것이다.
    do
14. 그는 어떤 것도 하지 않을 것이다.
15. 나는 아무것도 할 수 없다.
    can
16. 나는 어떤 것도 할 수 없다.
17. 아무 것도 하지 마!
    do
18. 어떤 것도 하지 마!
19. 그녀는 아무것도 찾을 수 없었다.
    find
20. 그녀는 어떤 것도 찾을 수 없었다.

GRAMMAR TEST

037 when + past ~했을 때

when + past
1. when + 과거시제 문장 : 〈문장〉의 내용이 일어났던 시점을 표현한다.
2. when + 현재시제 문장 : 문장은 현재지만 미래를 나타낸다.
3. 회화와 문장에서 빈번히 사용되므로 익숙해질 때까지 반복한다.

EXAMPLE

1. When I was a child
   ~했을 때   내가   아이였다
2. When I arrived there
   도착했다
3. When I bought a car
   샀다
4. When I called
   전화했다
5. When I heard the news
   들었다
6. When you were a kid
7. When you were in Boston
8. When you called
9. When you married me
   결혼했다
10. When you met him
11. When he was young
12. When he started
13. When he was sleeping
14. When she was 17
15. When she saw me
    봤다
16. When she was in Italy
17. When the accident happened
    사고   일어났다
18. When the game was over
19. When the teacher asked me
20. When my name was called
    불리웠다

SPEAKING TEST

일단 외워 눈으로만 보면 입으로 발음할 수 없고, 발음할 수 없으면 빨리 읽을 수 없다!

1. 빠르건 느리건 창피해하지 말고 일단 무조건 **큰 소리**로 내뱉어 혀를 풀자!
2. 조금이라도 꼬이는 문장은 입에서 자연스럽게 나올 때까지 **10번 이상 반복**하자!
3. 반복 외엔 방법 없다! CRAZY LEVEL을 달성할 때까지 **미친 듯이 리피트!**

1 내가 아이였을 때.
 child

2 내가 거기 도착했을 때.
 arrive

3 내가 차를 샀을 때.
 buy

4 내가 전화했을 때.
 call

5 내가 그 소식을 들었을 때.
 news   hear

6 니가 어린애였을 때.
 kid

7 니가 보스톤에 있었을 때.
 in

8 니가 전화했을 때.
 call

9 니가 나와 결혼했을 때.
 marry

10 니가 그를 만났을 때.
 meet

11 그가 젊었을 때.
 young

12 그가 시작했을 때.
 start

13 그가 자고 있었을 때.
 sleep

14 그녀가 17살이었을 때.

15 그녀가 나를 봤을 때.
 see

16 그녀가 이탈리아에 있었을 때.
 in

17 그 사고가 발생했을 때.
 happened

18 그 게임이 끝났을 때.
 be over

19 그 선생님이 나에게 질문했을 때.
 ask

20 내 이름이 불렸을 때.
 call

GRAMMAR TEST

038 when + present ~하면(조건)

when + present
1. when + 현재시제 문장 : 〈문장〉의 내용이 성립하게 되면
2. 비교적 가까운 미래에 성립 가능성이 높은 경우 사용된다.
3. '~할 때'로 해석되는 경우도 있다.

EXAMPLE

1. tell me when we get there
   ~하게 되면   도착하다
2. tell me when you get home
3. tell me when we get to King's Cross Station
                                킹스크로스 역
4. tell me when you are free
                       한가한
5. tell me when it is over
6. call me when she comes in
   전화하다   들어오다
7. call me when you see her
8. call me when something is wrong
                          잘못되다
9. call me when you are bored
                      지루해지다
10. call me when you arrive
                     도착하다
11. call me when you need help
12. let me know when breakfast is ready
    나에게 알려줘   준비되다
13. let me know when you find it
14. let me know when you are ready to order
                                  주문하다
15. let me know when we reach that stop
                         닿다   정류장
16. let me know when Mr. Mcgregor arrives
                                  3단현s
17. tell me when we get to 7th St.
                           7번가
18. call me when you come to London again
                                    다시
19. mail me when you arrive
20. I will be there when you call me
       거기에 있겠다(가겠다)

SPEAKING TEST

 Joking me?    Good Job    CRAZY!

일단 외워 눈으로만 보면 입으로 발음할 수 없고, 발음할 수 없으면 빨리 읽을 수 없다!
1. 빠르건 느리건 창피해하지 말고 일단 무조건 **큰 소리**로 내뱉어 혀를 풀자!
2. 조금이라도 꼬이는 문장은 입에서 자연스럽게 나올 때까지 **10번 이상 반복**하자!
3. 반복 외엔 방법 없다! CRAZY LEVEL을 달성할 때까지 **미친 듯이 리피트!**

1. 나에게 말해줘, 우리가 거기 도착하면.
       tell me   get there
2. 나에게 말해줘, 네가 집에 도착하면.
              home
3. 나에게 말해줘, 우리가 킹스크로스 역에 도착하면.
                           get to
4. 나에게 말해줘, 네가 한가해지면.
             be free
5. 나에게 말해줘, 그것이 끝나면.
            be over
6. 나에게 전화해라, 그녀가 들어오면.
              come in
7. 나에게 전화해라, 네가 그녀를 보면.
                see
8. 나에게 전화해라, 무언가가 잘못되면.
         something   be wrong
9. 나에게 전화해라, 네가 심심해지면.
             be bored
10. 나에게 전화해라, 네가 도착하면.
              arrive
11. 나에게 전화해라, 네가 도움이 필요해지면.
                 need
12. 나에게 알려줘, 아침식사가 준비되면.
             be ready
13. 나에게 알려줘, 네가 그것을 찾으면.
             find
14. 나에게 알려줘, 네가 주문할 준비가 되면.
         order   be ready
15. 나에게 알려줘, 우리가 그 정거장에 도착하면.
         that stop   reach
16. 나에게 알려줘, 맥그리거 씨가 도착하면.
              arrive
17. 나에게 말해줘, 우리가 7번가에 도착하면.
              get
18. 나에게 전화해라, 네가 런던에 다시 오면.
            to London
19. 나에게 메일해라, 네가 도착하면.
            arrive
20. 내가 거기로 갈게, 네가 나에게 전화하면.
            call

GRAMMAR TEST

039　ing 현재분사(~하는)

일단 외워　*singing bird*

1. 현재분사 : 동사ing
2. 동작이 진행 중임을 나타내는 진행형으로 쓰인다.
3. 명사를 수식하는 형용사로 쓰인다. 아래 문장들은 형용사로 쓰인 예이다.

EXAMPLE

1. sleeping baby
   잠자는
2. dancing girl
   춤추는
3. missing child
   사라진
4. running man
   달리는
5. singing bird
   노래하는
6. shining star
   빛나는
7. boiling water
   끓는
8. walking dictionary
   걷는　　사전
9. flying pig
   날으는　돼지
10. living thing
    살아있는　것 = 생물
11. leading group
    선도하는　그룹
12. comming week
    오는　주
13. striking force
    타격하는　부대
14. winning habit
    이기는　습관
15. falling leaf
    떨어지는　잎
16. rising sun
    떠오르는　태양
17. smoking gun
    연기를 내는　총 = 확실한 증거
18. publishing company
    출판하는　회사 = 출판사
19. moving car
    움직이는　차
20. wrapping machine
    포장하는　기계

SPEAKING TEST

 Joking me?  Good Job  CRAZY!

일단 외워 눈으로만 보면 입으로 발음할 수 없고, 발음할 수 없으면 빨리 읽을 수 없다!

1. 빠르건 느리건 창피해하지 말고 일단 무조건 **큰 소리**로 내뱉어 혀를 풀자!
2. 조금이라도 꼬이는 문장은 입에서 자연스럽게 나올 때까지 **10번 이상 반복**하자!
3. 반복 외엔 방법 없다! CRAZY LEVEL을 달성할 때까지 **미친 듯이 리피트!**

1. 잠자는 아기
   sleep
2. 춤추는 소녀
   dance
3. 실종된 아이
   miss
4. 달리는 남자
   run
5. 노래하는 새
   sing
6. 빛나는 별
   shine
7. 끓는 물
   boil
8. 걷는 사전
   walk
9. 날아다니는 돼지
   fly
10. 살아있는 것
    live
11. 선도하는 그룹
    lead
12. 오는 주
    come
13. 타격하는 부대
    strike   force
14. 이기는 습관
    win
15. 떨어지는 잎
    fall
16. 떠오르는 태양
    rise
17. 연기내는 총
    smoke
18. 출판하는 회사
    publish
19. 움직이는 자동차
    move
20. 포장하는 기계
    wrap

GRAMMAR TEST

 -ly ~하게(부사)

일단 외워 *go slowly*

1. 일부 형용사에 ly를 붙이면 부사가 되어 동사를 수식한다.
2. 동사 + 형용사ly = 〈형용사〉하게 〈동사〉하다.
3. 부사는 동사 뒤에 쓰인다(우리말과 어순이 반대).

EXAMPLE

1. go slowly
   느리게
2. listen carefuly
   주의깊게
3. eat quickly
   신속하게
4. come suddenly
   갑자기
5. breath deeply
   숨쉬다 깊게
6. speak fluently
   유창하게
7. live happily
   행복하게
8. react badly
   반응하다 못되게
9. smile brightly
   밝게
10. handle carelessly
    다루다 부주의하게
11. explain easily
    설명하다 쉽게
12. speak clearly
    명확하게
13. agree strongly
    동의하다 강하게
14. remember correctly
    기억하다 정확하게
15. use effectively
    사용하다 효과적으로
16. spend freely
    소비하다 자유롭게
17. drink heavily
    마시다 심하게
18. increase sharply
    증가하다 날카롭게, 급하게
19. spread widely
    퍼지다 넓게
20. play mainly
    연주하다 주로

SPEAKING TEST

 Joking me?    Good Job    CRAZY!

일단 외워 눈으로만 보면 입으로 발음할 수 없고, 발음할 수 없으면 빨리 읽을 수 없다!
1. 빠르건 느리건 창피해하지 말고 일단 무조건 **큰 소리**로 내뱉어 혀를 풀자!
2. 조금이라도 꼬이는 문장은 입에서 자연스럽게 나올 때까지 **10번 이상 반복**하자!
3. 반복 외엔 방업 없다! CRAZY LEVEL을 달성할 때까지 **미친 듯이 리피트!**

1 천천히 가다.
   slow go
2 주의깊게 듣다.
   careful listen
3 신속하게 먹다.
   quick eat
4 갑자기 오다.
   sudden come
5 깊게 숨을 쉬다.
   deep breath
6 유창하게 말하다.
   fluent speak
7 행복하게 살다.
   happy live
8 나쁘게 반응하다.
   bad react
9 밝게 미소짓다.
   bright smile
10 부주의하게 다루다.
   careless handle
11 쉽게 설명하다.
   easy explain
12 분명하게 말하다.
   clear speak
13 강하게 동의하다.
   strong agree
14 바르게 기억하다.
   correct remember
15 효율적으로 사용하다.
   effective use
16 자유롭게 소비하다.
   free spend
17 많이 마시다.
   heavy drink
18 급격히 증가하다.
   sharp increase
19 넓게 펼치다.
   wide spread
20 주로 연주(상영)하다.
   main play

GRAMMAR TEST

041 what - relative pronoun 관계대명사

일단 외워 *what I orderd*

1. what + 사람 + 동사 : 〈사람〉이 〈동사〉한 것.
2. 〈what + 사람 + 동사〉가 한 덩어리로 명사처럼 쓰여 주어와 목적어로 쓰인다.
3. What I need is you, I don't know what you say.

EXAMPLE

1. what I say
   ~하는(했던) 것
2. what you found
   find
3. what I have to do
4. what he eats
5. what you need
6. what she wants
7. what you saw
   see
8. what I think
9. what he has
10. what I ordered
    주문하다
11. what I can
12. what he was eating
13. what you feel
    느끼다
14. what they want to do
    하기를 원하다
15. what you did
16. what she was thinking
17. what I am saying
18. what you believe
19. what I know
20. what I told you
    tell

98

SPEAKING TEST

 Joking me?    Good Job    CRAZY!

일단 외워 눈으로만 보면 입으로 발음할 수 없고, 발음할 수 없으면 빨리 읽을 수 없다!

1. 빠르건 느리건 창피해하지 말고 일단 무조건 **큰 소리**로 내뱉어 혀를 풀자!
2. 조금이라도 꼬이는 문장은 입에서 자연스럽게 나올 때까지 **10번 이상 반복**하자!
3. 반복 외엔 방법 없다! CRAZY LEVEL을 달성할 때까지 **미친 듯이 리피트!**

1. 내가 말하는 것. (say)
2. 니가 찾은 것. (find)
3. 내가 해야 하는 것. (have to)
4. 그가 먹는 것. (eat)
5. 니가 필요로 하는 것. (need)
6. 그녀가 원하는 것. (want)
7. 니가 본 것. (see)
8. 내가 생각하는 것. (think)
9. 그가 가지고 있는 것. (have)
10. 내가 주문한 것. (order)
11. 내가 할 수 있는 것. (can)
12. 그가 먹고 있던 것. (eating)
13. 니가 느끼는 것. (feel)
14. 그들이 하고 싶어 하는 것. (want)
15. 니가 한 것. (do)
16. 그녀가 생각하고 있던 것. (thinking)
17. 내가 말하고 있는 것. (saying)
18. 니가 믿는 것. (believe)
19. 내가 아는 것. (know)
20. 내가 너에게 말해주었던 것. (tell)

GRAMMAR TEST

042 where - relative pronoun 관계대명사

일단 외워 *where you live*
1. where + 사람 + 동사 : 〈사람〉이 〈동사〉하는 곳.
2. 〈where + 사람 + 동사〉가 한 덩어리로, 명사처럼 쓰인다.
3. Please tell me where you live.

EXAMPLE

1. where I go
   ~하는 곳
2. where you live
3. where he is
4. where she was
5. where I worked
6. where you traveled
   여행하다
7. where we are standing
   서다
8. where STARBUCKS is
   ~가 있다
9. where my heart is
10. where I put your book
11. where we met
12. where I am
13. where he works
14. where I parked my car
15. where you were
16. where I was born
    수동태
17. where nobody lives
    아무도 ~않다
18. where I am going to stay
    ~할 것이다
19. where he went
    go
20. where the sky meets the ground
    3단현s   땅

SPEAKING TEST

일단 외워 눈으로만 보면 입으로 발음할 수 없고, 발음할 수 없으면 빨리 읽을 수 없다!

1. 빠르건 느리건 창피해하지 말고 일단 무조건 **큰 소리**로 내뱉어 혀를 풀자!
2. 조금이라도 꼬이는 문장은 입에서 자연스럽게 나올 때까지 **10번 이상 반복**하자!
3. 반복 외엔 방법 없다! CRAZY LEVEL을 달성할 때까지 **미친 듯이 리피트!**

1. 내가 가는 곳.
   go
2. 니가 사는 곳.
   live
3. 그가 있는 곳.
   be
4. 그녀가 있던 곳.
   be
5. 내가 일했던 곳.
   work
6. 니가 여행했던 곳.
   travel
7. 우리가 서 있는 곳.
   standing
8. 스타벅스가 있는 곳.
   be
9. 내 마음이 있는 곳.
   heart
10. 내가 니 책을 놓은 곳.
    put
11. 우리가 만났던 곳.
    meet
12. 내가 있는 곳.
    be
13. 그가 일하는 곳.
    work
14. 내가 내 차를 주차한 곳.
    park
15. 니가 있던 곳.
    be
16. 내가 태어난 곳.
    born
17. 아무도 살지 않는 곳.
    live
18. 내가 머무를 곳.
    stay
19. 그가 간 곳.
    go
20. 하늘이 땅을 만나는 곳.
    meet

GRAMMAR TEST

 that - relative pronoun 관계대명사

일단 외워 *the money that you have*

1. 명사와 명사를 꾸며주는 문장을 연결해주는 관계대명사 that
2. that은 생략할 수 있다.
3. the money that you have = That is the money. You have that money

EXAMPLE

1 the chair that you are sitting on
   You are sitting on that chair.

2 the photo that you took
   You took that photo.

3 the money that you have
   You have that money.

4 the book that he is reading
   He is reading that book.

5 the thing that he was looking for
   He was looking for that thing.

6 the man that she was waiting for
   She was waiting for that man.

7 the car that he bought
   He bought that car.

8 the hotel that we will stay at
   We will stay at that hotel.

9 the movie that we saw
   We saw that movie.

10 the song that he is singing
   He is singing that song.

11 the book that I wanted to buy
   I wanted to buy that book.

12 the people that we met
   We met that people.

13 the pen that you gave me
   You gave me that pen.

14 the food that we eat
   We eat that food.

15 the place that you visited
   You visited that place.

16 the jacket that she is wearing
   She is wearing that jaket.

17 the meal that you cooked
   You cooked that meal.

18 the mistake that I made
   I made that mistake.

19 everything that you want
   You want everything.

20 everything that I said
   I said everything.

SPEAKING TEST

일단 외워 **눈으로만 보면 입으로 발음할 수 없고, 발음할 수 없으면 빨리 읽을 수 없다!**

1. 빠르건 느리건 창피해하지 말고 일단 무조건 **큰 소리**로 내뱉어 혀를 풀자!
2. 조금이라도 꼬이는 문장은 입에서 자연스럽게 나올 때까지 **10번 이상 반복**하자!
3. 반복 외엔 방업 없다! CRAZY LEVEL을 달성할 때까지 **미친 듯이 리피트!**

1 니가 앉아 있는 그 의자.
sit

2 니가 찍었던 그 사진.
take

3 니가 가지고 있는 그 돈.
have

4 그가 읽고 있는 그 책.
read

5 우리가 찾고 있던 그것.
look for

6 그녀가 기다리고 있던 그 남자.
wait

7 그가 산 그 차.
buy

8 우리가 머무를 그 호텔.
stay

9 우리가 본 그 영화.
see

10 그가 부르고 있는 그 노래.
sing

11 내가 사고 싶었던 그 책.
buy want

12 우리가 만났던 그 사람들.
meet

13 니가 나에게 주었던 그 펜.
give

14 우리가 먹는 그 음식.
eat

15 니가 방문했던 그 장소.
visit

16 그녀가 입고 있는 그 재킷.
wear

17 니가 요리한 식사.
cook meal

18 내가 했던 실수.
make mistake

19 니가 원하는 모든 것.
want

20 내가 말했던 모든 것.
say

GRAMMAR TEST

044 who, which - relative pronoun 관계대명사

the book which is on the table

1. 사람을 나타내는 관계대명사 who : ~하는 사람
2. 사물, 동물을 나타내는 관계대병사 : ~하는 것
3. I saw the dog and the dog is running = I saw the dog which is running

EXAMPLE

1. the man who can speak English
   그 남자 = 영어를 말할 수 있는 누군가
2. the woman who cannot speak Korean
   한국말을 못하는 그 여자
3. the people who work in the post office
   사람
4. the boy who is studying
5. the girl who is playing the piano
6. the money which was on the table
   사물
7. the photo which is hanging on the wall
8. the question which is difficult to answer
9. the desks which are in the classroom
   복수   복수
10. the car which he drives
    3단현s
11. the dog which is running
    동물
12. the cat which is sleeping
13. the singer who is on the stage
14. the chair which is made of wood
    ~로 만들어진
15. the man who was waiting for you
16. the house which is 100 years old
17. the hotel which has 15 rooms
18. the people who live in London
19. the man who has the ball
20. the economic growth which can create more jobs
    경제   성장   창출하다 더 많은

SPEAKING TEST

 Joking me?  Good Job  CRAZY!

일단 외워 눈으로만 보면 입으로 발음할 수 없고, 발음할 수 없으면 빨리 읽을 수 없다!

1. 빠르건 느리건 창피해하지 말고 일단 무조건 **큰 소리**로 내뱉어 혀를 풀자!
2. 조금이라도 꼬이는 문장은 입에서 자연스럽게 나올 때까지 **10번 이상 반복**하자!
3. 반복 외엔 방법 없다! CRAZY LEVEL을 달성할 때까지 **미친 듯이 리피트!**

1. 영어를 말할 수 있는 그 남자.
   _{speak}
2. 한국어를 말할 수 없는 그 여자.
   _{cannot}
3. 그 우체국 안에서 일하는 그 사람들.
   _{in   work}
4. 공부를 하고 있는 그 소년.
   _{study}
5. 그 피아노를 연주하고 있는 그 소녀.
   _{play}
6. 그 테이블 위에 있던 그 돈.
   _{on}
7. 벽 위에 걸려 있는 그 사진.
   _{hang}
8. 대답하기 어려운 그 질문.
   _{answer   question}
9. 그 교실 안에 있는 그 책상들.
   _{in   be}
10. 그가 운전하는 그 자동차.
    _{drive}
11. 달리고 있는 그 개.
    _{run}
12. 자고 있는 그 고양이.
    _{sleep}
13. 무대 위에 있는 그 가수.
    _{stage on   singer}
14. 나무로 만들어진 그 의자.
    _{wood   make}
15. 너를 기다리고 있는 그 남자.
    _{wait for}
16. 100년 된 그 집.
    _{old}
17. 15개의 방을 가진 그 호텔.
    _{have}
18. 런던에 사는 그 사람들.
    _{in   live}
19. 그 공을 가진 남자.
    _{have}
20. 더 많은 직업을 창출할 수 있는 경제성장.
    _{more   job   creat   can   economic growth}

반복 외엔 방법 없다
미친듯이 리피트
CRAZY REPEAT

MANHATTAN SKY VIEW

PREVIEW

THIRD STAGE

INTERMEDIATE GRAMMAR

give	045	주다
send	046	보내다
tell	047	말해주다
say	048	말하다
see	049	보다, 보이다
look	050	쳐다보다
watch	051	지켜보다
stop	052	멈추다
get cold	053	추워지다
with, by	054	~로, ~에 의해
without	055	~없이
before, after	056	~전에, ~후에
for, during, while	057	~동안
since, until	058	~이래로, ~까지
once a day	059	하루 한 번
time	060	시간
date	061	날짜
year	062	연도
preposition - 1	063	전치사 1
preposition - 2	064	전치사 2
word order - 1	065	어순 1(시기를 나타내는 표현)
word order - 2	066	어순 2(정도를 나타내는 표현)
word order - 3	067	어순 3(장소를 나타내는 표현)
if	068	만약(가정)
because	069	~때문에
not enough	070	충분하지 않은

GRAMMAR TEST

045 give 주다

일단 외워 *give it to you, give me it*
1. give + 물건 + to + 사람 : 〈물건〉을 〈사람〉에게 주다
2. give + 사람 + 물건 : 〈물건〉을 〈사람〉에게 주다
3. 1은 〈사람〉이 강조되고 2는 〈물건〉이 강조된다.

EXAMPLE

1. give it to me
   그것을 주어라
2. give it to her
   그녀에게
3. give it to him
4. give this letter to your sister
5. give the money to your mother
6. give the eye to people
   눈길, 시선
7. give the meat to the dog
   고기
8. give the milk to the cat
9. give the doll to the girl
10. give you the bad news
    너에게 주다
11. give you one more chance
    한 번 더 기회를
12. give me the money
13. give me a second
    1초
14. give her the book
15. give her a present
    선물
16. give him a tip
    팁
17. give him a call
    전화
18. give them advice
    조언
19. give them a day off
    휴가
20. give the child a balloon
    풍선

108

SPEAKING TEST

 Joking me?
 Good Job
 CRAZY!

일단 외워 눈으로만 보면 입으로 발음할 수 없고, 발음할 수 없으면 빨리 읽을 수 없다!
1. 빠르건 느리건 창피해하지 말고 일단 무조건 **큰 소리**로 내뱉어 혀를 풀자!
2. 조금이라도 꼬이는 문장은 입에서 자연스럽게 나올 때까지 **10번 이상 반복**하자!
3. 반복 외엔 방법 없다! CRAZY LEVEL을 달성할 때까지 **미친 듯이 리피트!**

1. 그것을 나에게 준다.
   give
2. 그것을 그녀에게 준다.
3. 그것을 그에게 준다.
4. 이 편지를 너의 여동생에게 준다.
5. 그 돈을 너의 엄마에게 준다.
6. 눈길을 사람들에게 준다.
   the eye   people
7. 그 고기를 그 개에게 준다.
   meat
8. 그 우유를 그 고양이에게 준다.
9. 그 인형을 그 소녀에게 준다.
10. 너에게 그 나쁜 소식을 준다.
    bad news
11. 너에게 또 한 번의 기회를 준다.
    more   chance
12. 나에게 그 돈을 준다.
13. 나에게 1초를 준다.
    a second
14. 그녀에게 그 책을 준다.
15. 그녀에게 선물을 준다.
    present
16. 그에게 팁을 준다.
    tip
17. 그에게 전화를 순다.
    call
18. 그들에게 조언을 준다.
    advice
19. 그들에게 하루 휴가를 준다.
    a day off
20. 그 아이에게 풍선을 준다.
    balloon

GRAMMAR TEST

046 send 보내다

일단 외워 *send it to me, send me it*
1. send + 물건 + to + 사람, 장소 : 〈물건〉을 〈사람, 장소〉에게로 보내다
2. send + 사람 + 물건 : 〈물건〉을 〈사람〉에게 보내다
3. 1은 사람과 장소 모두 쓰고 2는 사람일 때만 쓴다.

EXAMPLE

1. send it to me
   그것을 보내다
2. send him to jail
   감옥으로
3. send the money to me
4. send the children to college
   대학
5. send the original to you
   원본
6. send the flowers to her
   꽃다발
7. send some money to this account
   계좌
8. send this letter to England
   영국
9. send your suit to the cleaner's
   정장   세탁소
10. send the woman home
    집으로(부사)
11. send me the information
    나에게 보내다   정보
12. send me some money
    약간의
13. send you our new catalogue
    카탈로그
14. send you a postcard
    엽서
15. send her a letter
16. send her flowers
17. send him a rose
18. send him a copy of the document
    복사본
19. send your mother a postcard
20. send your wife something nice
    뭔가 근사한 것

110

SPEAKING TEST

일단 외워 눈으로만 보면 입으로 발음할 수 없고, 발음할 수 없으면 빨리 읽을 수 없다!
1. 빠르건 느리건 창피해하지 말고 일단 무조건 **큰 소리**로 내뱉어 혀를 풀자!
2. 조금이라도 꼬이는 문장은 입에서 자연스럽게 나올 때까지 **10번 이상 반복**하자!
3. 반복 외엔 방법 없다! CRAZY LEVEL을 달성할 때까지 **미친 듯이 리피트!**

1. 그것을 나에게로 보낸다.
   _{to   send}
2. 그를 감옥으로 보낸다.
   _{jail}
3. 그 돈을 나에게로 보낸다.
4. 그 아이들을 대학으로 보낸다.
   _{collage}
5. 그 원본을 너에게로 보낸다.
   _{original}
6. 그 꽃들을 너에게로 보낸다.
   _{flowers}
7. 약간의 돈을 그에게 보낸다.
   _{some}
8. 이 편지를 영국으로 보낸다.
   _{to England}
9. 네 정장을 네 엄마에게 보낸다.
   _{suit}
10. 그 여자를 집으로 보낸다.
11. 나에게 그 정보를 보낸다.
    _{information}
12. 나에게 약간의 돈을 보낸다.
13. 너에게 우리의 새 카탈로그를 보낸다.
    _{catalog}
14. 너에게 엽서를 보낸다.
    _{postcard}
15. 그녀에게 편지를 보낸다.
16. 그녀에게 꽃들을 보낸다.
17. 그에게 장미를 보낸다.
    _{rose}
18. 그에게 그 서류의 복사본을 보낸다.
    _{document   copy}
19. 너의 엄마에게 엽서를 보낸다.
20. 너의 아내에게 뭔가 좋은 것을 보낸다.
    _{something nice}

GRAMMAR TEST

047 tell 말해주다

일단 외워 *tell me something*

1. tell + 사람 + 내용 : 〈사람〉에게 〈내용〉을 말하다.
2. tell은 상대방에게 어떤 사실을 말해 알려준다는 의미가 있다.
3. say는 말하는 행위 자체를 강조한다.

EXAMPLE

1. I tell somebody something
2. I tell you something
3. She told me a lie
4. You have to tell the truth
5. I tell you everything
6. I did not tell her my name
7. Let me tell you about my life
8. I did not tell them anything
9. Can you tell me the way to STARBUCKS?
10. Tell me what you know
11. She told me where she was last night
12. He told me that he was tired
13. Please tell him that I called
14. Dr. Kim told me that you were sick
15. The man told us that he was a teacher
16. Nobody told me that the meeting was canceled
17. Tom told me that he would not come
18. Everybody tells me that she is cute
19. You told me that you loved me
20. He told me that I was wrong

SPEAKING TEST

Joking me?   Good Job   CRAZY!

일단 외워 눈으로만 보면 입으로 발음할 수 없고, 발음할 수 없으면 빨리 읽을 수 없다!

1. 빠르건 느리건 창피해하지 말고 일단 무조건 **큰 소리**로 내뱉어 혀를 풀자!
2. 조금이라도 꼬이는 문장은 입에서 자연스럽게 나올 때까지 **10번 이상 반복**하자!
3. 반복 외엔 방법 없다! CRAZY LEVEL을 달성할 때까지 **미친 듯이 리피트!**

1. 나는 말한다, 누구에게, 무언가를.
2. 나는 말한다, 너에게, 무언가를.
3. 그녀는 말했다, 나에게, 거짓말을.
   _{lie}
4. 너는 말해야만 한다, 진실을.
5. 나는 말한다 너에게, 모든것을.
6. 나는 말하지 않았다, 그녀에게, 내 이름을.
7. 말하게 해다오(말해줄게), 너에게, 내 인생에 대해서.
8. 나는 말하지 않았다. 그들에게, 아무것도.
9. 너는 말할 수 있니? 나에게, 스타벅스로 가는 길을.
   _{way to ~}
10. 말해라, 나에게, 니가 아는 것을.
    _{what}
11. 그녀는 말했다, 나에게, 어젯밤 그녀가 있었던 곳을.
12. 그는 말했다, 나에게, 그는 피곤했었다는 것을.
    _{tired} _{that}
13. 제발 말해라, 그에게, 내가 전화했었다는 것을.
    _{please} _{call}
14. 닥터 김은 말했다, 나에게, 너는 아팠었다고.
    _{sick}
15. 그 남자는 말했다, 우리에게, 그는 교사였었다고.
16. 아무도 말하지 않았다, 나에게, 회의가 취소됐다고.
    _{nobody} _{cancel}
17. 톰은 말했다, 나에게, 그는 오지 않을 거라고.
    _{would}
18. 모두 말한다, 나에게, 그녀는 귀엽다고.
    _{cute}
19. 너는 말했다, 나에게, 너는 나를 사랑했었다고.
    _{love}
20. 그는 말했다, 나에게, 내가 틀렸었다고.
    _{wrong}

GRAMMAR TEST

 say 말하다

일단 외워 *She said 'I am sorry', She said that she was sorry.*

1. say 내용 : 〈내용〉이라고 말하다.
2. say + to + 사람 : 〈사람〉에게 말하다.
3. tell은 상대방의 이해를 전제로 하고 say는 말하는 행위 자체만을 강조한다.

EXAMPLE

1. I said 'nice to meet you'
   나는 말했다(직접인용)   '만나서 반가워요'

2. I said to him 'hello'
   말했다   그에게

3. Jane said to him, 'I am so sorry'
                그에게

4. People say to me, 'you don't know what love is'
              나에게

5. Everybody says that it is very good
                (간접인용)   그건 아주 좋다고

6. They say that that is not true
                      그건 진실이 아니라고

7. The little girl said that she wanted to go home
                                         집에 가고 싶다고

8. I said that I was sorry
                    미안하다고

9. He said that he was tired
                    피곤하다고

10. She said that she would help me
                         나를 도와주겠다고

11. You said to me that everything was OK
                                모든 게 OK라고

12. They said that they did not have any money
                                        돈이 없다고

13. Some say it is a waste of money
    어떤 이는 말한다 (that 생략)   그건 돈 낭비라고

14. Everybody says it is too expensive
                         너무   비싼

15. Nobody says you have to be here
    아무도 ~않다   여기에 있어야만 한다

16. The boy said he was hungry

17. It is said that love is blindness
                                맹목

18. That was said to me many times
    그것은   말해졌다   나에게   여러 번 (그 말 여러 번 들었다고)

19. It is said that the earth is round
    ~라고들 한다   지구   둥근

20. Say hello to your mother
    말해라 안녕   너의 엄마에게(어머니께 안부 전해줘)

SPEAKING TEST

 Joking me?
 Good Job
 CRAZY!

일단 외워 눈으로만 보면 입으로 발음할 수 없고, 발음할 수 없으면 빨리 읽을 수 없다!

1. 빠르건 느리건 창피해하지 말고 일단 무조건 **큰 소리**로 내뱉어 혀를 풀자!
2. 조금이라도 꼬이는 문장은 입에서 자연스럽게 나올 때까지 **10번 이상 반복**하자!
3. 반복 외엔 방법 없다! CRAZY LEVEL을 달성할 때까지 **미친 듯이 리피트!**

1 나는 말했다, '만나서 반가워요'

2 나는 말했다, 그에게, '안녕하세요'

3 제인은 말했다, 그에게, '너무 미안해'
       so

4 사람들은 말한다, 내게, '넌 사랑이 뭔지 몰라'
                              what

5 모두 그것은 참 좋다고 말한다.
       very

6 그들은 그건 사실이 아니라고 말한다.
              true

7 작은 소녀가 집에 가고 싶다고 말했다.
                  go home

8 나는 미안하다고 말했다.
       sorry

9 그는 피곤하다고 말했다.
       tired

10 그녀는 나를 도와줄 거라고 말했다.
                  would

11 너는 말했다, 나에게, 모든 것이 OK라고
                       everything

12 그들은 돈이 한 푼도 없다고 말했다.
            any money

13 어떤 이는 그것은 돈 낭비라고 했다.
      some   waste

14 모두 그건 너무 비싸다고 말한다.

15 아무도 당신이 여기 있어야 한다고 하지 않는다.
    nobody   have to be here

16 소년은 배가 고프다고 말했다.
              hungry

17 사랑은 맹목이라고들 한다.
         blindness

18 그것은 나에게 말해졌다(나는 들었다), 여러 번
                                   many times

19 지구는 둥글다고들 한다.
           round

20 엄마에게 안부 전해다오.
   to your mother

GRAMMAR TEST

049 see 보다, 보이다

일단 외워 *I saw him crossing the road*

1. see + 명사 : 〈명사〉가 보이다, 〈명사〉를 보다.
2. see + 사람 + 동사 : 〈사람〉이 〈동사〉하는 것을 보다.
3. see는 자기 의지와 상관없이 눈에 들어온다는 뉘앙스가 있다.

EXAMPLE

1. I saw a UFO
   나는 보았다   비행접시를(멍하게 있는데 비행접시가 지나갔다는 의미)
2. I saw a Lamborghini Diablo on the street
   람보르기니   디아블로   길에서
3. I saw a pretty woman walking down the street
   예쁜 여자   걸어 가고 있는   길을
4. I saw the dog crossing the road
   길을 건너가 있는 개를
5. I saw your mother at the store
   가게에서
6. I saw it hanging on the wall
   걸려 있는   벽 위에
7. I saw Edwards the other day
   에드워즈   요전날
8. I saw sharks swimming in the sea
   헤엄치고 있는   바다에서
9. I saw the man smoking
   흡연하고 있는 남자
10. I saw your sister dancing on the stage
    여동생   춤추고 있는   무대 위에서
11. I saw you waiting for him
    그를 기다리고 있는 너
12. I saw Tom washing his car
    씻고 있는   그의 차를
13. I saw a police officer bleeding
    피를 흘리고 있는
14. I saw her on the bus
    버스에서
15. I saw some cows eating grass
    소들   먹고 있는   풀을
16. I saw a little girl on my way home
    ~가는 길에   집으로
17. I saw my grand father in my dream
    꿈 속에서
18. I saw what happend
    무엇이 일어났는지
19. I saw Jacob 3 days ago
    3일 전에
20. I saw a car coming toward me
    오고 있는   ~을 향해   나에게

SPEAKING TEST

일단 외워 눈으로만 보면 입으로 발음할 수 없고, 발음할 수 없으면 빨리 읽을 수 없다!

1. 빠르건 느리건 창피해하지 말고 일단 무조건 **큰 소리**로 내뱉어 혀를 풀자!
2. 조금이라도 꼬이는 문장은 입에서 자연스럽게 나올 때까지 **10번 이상 반복**하자!
3. 반복 외엔 방법 없다! CRAZY LEVEL을 달성할 때까지 **미친 듯이 리피트!**

1. 나는 보았다, 비행접시를.
   _{UFO}
2. 나는 보았다, 람보르기니 디아블로를, 길에서.
   _{on the street}
3. 나는 보았다, 예쁜 여자를, 길을 걸어가고 있던.
   _{walking down the street}
4. 나는 보았다, 그 개를, 그 길을 건너고 있던.
   _{crosssing}
5. 나는 보았다, 너의 엄마를, 그 상점에서.
   _{at the store}
6. 나는 보았다, 그것을, 벽 위에 걸려 있던.
   _{hanging}
7. 나는 보았다, 에드워즈를, 요전에.
   _{the other day}
8. 나는 보았다, 상어들을, 바다에서 헤엄치고 있던.
   _{swimming}
9. 나는 그 남자를 보았다, 흡연을 하고 있던.
   _{smoking}
10. 나는 니 여동생을 봤다, 무대 위에서 춤추고 있던.
    _{dancing}
11. 나는 너를 보았다, 그를 기다리던.
    _{waiting}
12. 나는 톰을 봤다, 그의 차를 씻고 있던.
    _{washing}
13. 나는 경찰관을 보았다, 피를 흘리고 있던.
    _{bleeding}
14. 나는 그녀를 보았다, 버스에서.
    _{on}
15. 나는 몇몇 소들을 보았다, 풀을 먹고 있던.
    _{eating grass}
16. 나는 작은 소녀를 보았다, 집에 오는 길에.
    _{on my way home}
17. 나는 내 할아버지를 보았다, 내 꿈 속에서.
    _{in}
18. 나는 보았다, 무슨일이 발생했는지를.
    _{what happened}
19. 나는 제이콥을 보았다, 3일 전에.
    _{ago}
20. 나는 자동차를 보았다, 나를 향해 오고 있던.
    _{coming toward}

GRAMMAR TEST

050 look 쳐다보다

일단 외워 *look at my eyes*

1. look at + 명사 : 〈명사〉를 바라보다, 쳐다보다.
2. look for : 찾다
3. look은 의식적으로 시선을 고정하여 본다는 뉘앙스가 있다.

EXAMPLE

1. look at something
   바라보다 무언가를
2. I looked at the man
3. I looked at the clock
4. I looked at the picture
5. She looked at me
6. Look at the picture on page 9
   봐라 9페이지 위에 있는
7. Don't look at my face
   쳐다보지 마 내 얼굴을
8. I looked around the room
   둘러보다 방을
9. I'm just looking around
   그냥, 단지
10. I looked for my bag for 3 hours
    찾다 ~동안
11. I am looking for a new LCD TV
12. I'm looking for somebody
    누구를
13. I was looking for a job
    직장을
14. I looked back to the 1970s
    ~를 되돌아보았다 1970년대
15. We looked back to the last year
    작년
16. He looked back over his shoulder
    (어깨 너머로)
17. I looked up at the sky
    ~을 올려다보다
18. I looked down at the street
    ~을 내려다보다
19. He looked her up and down
    아래위로
20. She looked into the mirror
    ~속으로 거울

SPEAKING TEST

 Joking me?  Good Job  CRAZY!

일단 외워 눈으로만 보면 입으로 발음할 수 없고, 발음할 수 없으면 빨리 읽을 수 없다!

1. 빠르건 느리건 창피해하지 말고 일단 무조건 **큰 소리**로 내뱉어 혀를 풀자!
2. 조금이라도 꼬이는 문장은 입에서 자연스럽게 나올 때까지 **10번 이상 반복**하자!
3. 반복 외엔 방법 없다! CRAZY LEVEL을 달성할 때까지 **미친 듯이 리피트**!

1 바라보다, 어떤것을.
    something

2 나는 쳐다봤다, 그 남자를.

3 나는 쳐다봤다, 그 시계를.

4 나는 쳐다봤했다, 그 그림을.

5 그녀는 쳐다봤다, 나를.

6 쳐다봐라, 그림을, 9페이지 위에 있는.
                              on

7 쳐다보지 마라, 내 얼굴을.

8 나는 바라보았다, 방 주변을.
                  around the room

9 나는 그냥 둘러보는 중이다.
      just look around

10 나는 찾았다, 내 가방을, 3시간 동안.
      look for

11 나는 찾고 있는 중이다, 새 LCD TV를.
      look for

12 나는 찾고 있는 중이다, 누군가를.
                          somebody

13 나는 찾고 있는 중이다, 직업을.

14 나는 돌아봤다, 1970년대를.
      look back to

15 우리는 돌아봤다, 작년을.

16 그는 돌아봤다, 그의 어깨 너머로.
                          over

17 너는 올려다봤나, 하늘을.
      up

18 나는 내려다봤다, 길거리를.
      down

19 그는 쳐다보았다, 그녀를, 위와 아래로.
                        up   down

20 그녀는 들여다봤다, 그 거울을.
          into

GRAMMAR TEST

051 watch 지켜보다

일단 외워 I watched the football game

1. watch + 명사 + 동사 : 〈명사〉가 〈동사〉하는 것을 지켜보다.
2. 일정 시간 동안 과정 전체를 주시한다는 뉘앙스가 있다.
3. TV프로그램을 시청하거나, 주의를 기울인다는 의미로 쓰인다.

EXAMPLE

1. I watched the show
   쇼
2. I watched a movie
   영화 한 편
3. I watched the game from beginning to end
   시작부터   끝까지
4. I was watching the football game on TV
   TV로
5. She is watching the ships come and go
   지켜보고 있다   오고   가는
6. We sat and watched the sun setting
   해가 지는 것
7. She watched her children playing
   그녀의 아이들이 노는 것
8. I watched the blue sky for a long time
   오랜 시간 동안
9. I watched the car until it was out of sight
   ~까지 계속   시야에서 사라지다
10. I watched them dancing on the stage
    그들이   춤추고 있는   무대 위에서
11. Everybody is watching you
    모두가 너를 지켜보고 있다
12. Can you watch my bag for me?
    내 가방 좀 봐주실래요?
13. Watch out
    조심하다
14. Watch your wallet
    지갑
15. Watch your back
    등 뒤
16. Watch your step
    걸음
17. The man is watching his step
    조심조심하며 걷고 있다
18. Watch your mouth
    입
19. Watch your head
    머리
20. My watch is out of order
    손목시계   고장 나다

SPEAKING TEST

일단 외워 눈으로만 보면 입으로 발음할 수 없고, 발음할 수 없으면 빨리 읽을 수 없다!
1. 빠르건 느리건 창피해하지 말고 일단 무조건 **큰 소리**로 내뱉어 혀를 풀자!
2. 조금이라도 꼬이는 문장은 입에서 자연스럽게 나올 때까지 **10번 이상 반복**하자!
3. 반복 외엔 방법 없다! CRAZY LEVEL을 달성할 때까지 **미친 듯이 리피트!**

1 나는 지켜보았다, 그 쇼를.

2 나는 지켜보았다, 영화를.

3 나는 지켜보았다, 그 시합을, 시작부터 끝까지.

4 나는 지켜보고 있었다, 그 풋볼 시합을, TV 상으로.
_{on TV}

5 그녀는 지켜보고 있다, 배들을, 오고 가는.
_{come and go}

6 우리는 앉았고 지켜보았다, 해를, 지고 있는.
_{set}

7 그녀는 지켜보았다, 그녀의 아이들을, 놀고 있는.
_{play}

8 나는 지켜보았다, 푸른 하늘을, 오랫동안.
_{for}

9 나는 지켜보았다, 차를, 그것이 시야에서 사라질 때까지.
_{out of sight   until}

10 나는 지켜보았다, 그들을, 춤추고 있던, 무대 위에서.
_{on}

11 모두가 지켜보고 있다, 너를.

12 너는 지켜볼 수 있니? 내 가방을, 나를 위해.
_{for me}

13 조심해!
_{watch out}

14 조심해, 너의 지갑을!
_{wallet}

15 조심해, 너의 뒤를!

16 조심해, 너의 걸음을!

17 그 남자는 조심하고 있다, 그의 걸음을.

18 조심해, 너의 입을!

19 조심해, 너의 머리를!

20 내 손목시계는 고장이다.

GRAMMAR TEST

052 stop 멈추다

일단 외워 *stop crying, stop it*
1. Stop + 동사ing : 〈동사〉하기를 멈추다.
2. Stop + 명사 : 〈명사〉를 그만두다, 정지시키다
3. 회화에서 빈번히 쓰이므로 익숙해질 때까지 반복한다.

EXAMPLE

1. **stop crying**
   멈추다 우는 것을
2. **stop talking**
   말하는것을
3. **stop reading**
   읽는 것을
4. **stop working**
5. **stop watching**
6. **stop trying**
7. **stop fighting**
8. **stop thinking**
9. **stop smoking**
10. **stop drinking**
11. **stop growing**
12. **stop eating**
13. **stop selling**
14. **stop laughing**
15. **stop running**
16. **stop construction**
    공사를
17. **stop it**
    그것을
18. **stop the war**
    전쟁을
19. **stop the machine**
    기계를
20. **stop the music**
    음악을

SPEAKING TEST

 Joking me?  Good Job  CRAZY!

일단 외워 눈으로만 보면 입으로 발음할 수 없고, 발음할 수 없으면 빨리 읽을 수 없다!
1. 빠르건 느리건 창피해하지 말고 일단 무조건 **큰 소리**로 내뱉어 혀를 풀자!
2. 조금이라도 꼬이는 문장은 입에서 자연스럽게 나올 때까지 **10번 이상 반복**하자!
3. 반복 외엔 방법 없다! CRAZY LEVEL을 달성할 때까지 **미친 듯이 리피트!**

1. 울기를 멈추다.
   cry
2. 대화하기를 멈추다.
   talk
3. 읽기를 멈추다.
   read
4. 일하기를 멈추다.
5. 시청하기를 멈추다.
   watch
6. 시도하기를 멈추다.
   try
7. 싸우기를 멈추다.
   fight
8. 생각하기를 멈추다.
   think
9. 흡연하기를 멈추다.
   smoke
10. 마시기를 멈추다.
11. 자라기를 멈추다.
    grow
12. 먹기를 멈추다.
13. 팔기를 멈추다.
    sell
14. 웃기를 멈추다.
    laugh
15. 달리기를 멈추다.
16. 건축(공사)을 멈추다.
    construction
17. 그만 좀 해!
18. 전쟁을 멈추다.
    war
19. 기계를 멈추다.
    machine
20. 그 음악을 멈추다.
    music

GRAMMAR TEST

053 get cold 추워지다

일단 외워 *get cold, get busy, get better*

1. get + 형용사 : 〈형용사〉한 상태로 변하다.
2. 형용사를 동사로 만드는 표현이다.
3. 일상적인 대화에서 빈번히 쓰이므로 익숙해질 때까지 반복한다.

EXAMPLE

1. **get cold**
   ~해지다   추운
2. **get warm**
3. **get hungry**
4. **get angry**
5. **get dark**
6. **get busy**
7. **get perfect**
8. **get better**
   더 좋아지다
9. **get higher**
10. **get old**
11. **get bald**
    머리가 벗겨진
12. **get fat**
    뚱뚱한
13. **get sick**
    아픈
14. **get dirty**
    더러운
15. **get worse**
    더 나쁜(bad의 비교급)
16. **get serious**
    심각한, 진지한
17. **get drunk**
    취한
18. **get lost**
    잃어버린
19. **get dressed**
    옷을 입은(상태)
20. **get married**
    결혼한(상태)

SPEAKING TEST

Joking me?

Good Job

CRAZY!

일단 외워 눈으로만 보면 입으로 발음할 수 없고, 발음할 수 없으면 빨리 읽을 수 없다!
1. 빠르건 느리건 창피해하지 말고 일단 무조건 **큰 소리**로 내뱉어 혀를 풀자!
2. 조금이라도 꼬이는 문장은 입에서 자연스럽게 나올 때까지 **10번 이상 반복**하자!
3. 반복 외엔 방법 없다! CRAZY LEVEL을 달성할 때까지 **미친 듯이 리피트!**

1 추워지다

2 따뜻해지다

3 배고파지다

4 화를 내다
   angry

5 어두워지다
   dark

6 바빠지다, 일을 시작하다, 서두르다
   busy

7 완벽해지다

8 더 좋아지다
   better

9 더 높아지다

10 나이먹다, 늙어가다
   old

11 머리가 벗겨지다
   bald

12 뚱뚱해지다
   fat

13 병이 나다
   sick

14 더러워지다
   dirty

15 더 나빠지다
   worse

16 심각해지다
   serious

17 취하다
   drunk

18 길을 잃다
   lost

19 옷을 입다
   dressed

20 결혼하다
   married

GRAMMAR TEST

 with ~로, **by** ~에 의해

일단 외워 *with a pen, by train*
1. with : 도구, 수단
2. by : 수동태에서 행위의 주체
3. 일상생활에서 빈번히 쓰이므로 익숙해질 때까지 반복한다.

EXAMPLE

1. I write with a pen
   ~를 가지고
2. He is spraying water with hose
   분무하다   ~로   호스
3. She cut the paper with scissors
                            가위   항상 복수
4. He cut the apple in half with a knife
                        반으로   칼
5. We eat with a knife and fork
         ~로
6. He killed his wife with a gun
7. The desk is coverd with dust
            덮여 있다(수동태) 먼지
8. The children is drinking water with a straw
                                             빨대
9. Hit the nail with the hammer
   쳐라   못   망치
10. What do you do with your computer?
    무엇을   너는 ~하니?   ~로
11. I write with my left hand
              ~으로
12. We came to London by underground
                       ~로(교통수단) 지하철(영국)
13. I go to school by subway
                      지하철(미국)
14. She is going to Japan by plane
                  예정   비행기로
15. It takes about 5 hours by train
     소요되다 약   시간   기차로
16. You have to go on foot
           must   도보로
17. His house was destroyed by the earthquake
                   파괴되다(수동태) ~에 의해 지진(수동태의 행위자)
18. This room is heated by electricity
                  데워진다   전기(전기가 방을 데운다)
19. This engine is driven by steam
                    운행되다   증기
20. The country was ruined by the war
                       폐허가 되다

SPEAKING TEST

 Joking me?  Good Job  CRAZY!

일단 외워 눈으로만 보면 입으로 발음할 수 없고, 발음할 수 없으면 빨리 읽을 수 없다!

1. 빠르건 느리건 창피해하지 말고 일단 무조건 **큰 소리**로 내뱉어 혀를 풀자!
2. 조금이라도 꼬이는 문장은 입에서 자연스럽게 나올 때까지 **10번 이상 반복**하자!
3. 반복 외엔 방법 없다! CRAZY LEVEL을 달성할 때까지 **미친 듯이 리피트!**

1. 나는 쓴다, 펜으로.
   with

2. 그는 물을 뿌리고 있다, 호스로
   spray   hose

3. 그녀는 종이를 잘랐다, 가위로.
   cut

4. 그는 사과를 잘랐다, 반으로, 칼로.
   in half

5. 우리는 먹는다, 나이프와 포크로
   and   with

6. 그는 죽였다 그의 아내를, 총으로.
   kill   gun

7. 그 책상은 덮여 있다, 먼지로
   cover   with

8. 그 아이들은 마시고 있다 물을, 빨대로.
   drink   straw

9. 때려라 그 못을, 그 망치로
   hit nail   with

10. 무엇을 너는 하니? 너의 컴퓨터로?
    with

11. 나는 쓴다, 나의 왼 팔로
    with

12. 우리는 왔다, 런던까지, 지하철 타고
    underground

13. 나는 간다 학교로, 전철 타고

14. 그녀는 갈 것이다, 일본으로, 비행기 타고

15. 약 5분 걸리다, 기차 타고
    take

16. 너는 가야만 한다, 도보로.

17. 그의 집은 파괴당했다, 지진에 의해
    destroy

18. 이 방은 데워진다, 전기에 의해
    heat

19. 이 엔진은 운행된다, 수증기에 의해
    drive

20. 그 나라는 파괴당했다, 전쟁에 의해
    ruin

GRAMMAR TEST

055 without ~없이

일단 외워 *I can't live without you*

1. 동사 + without + 명사 : 〈명사〉 없이 〈동사〉하다.
2. 동사 + without + 동사ing : 〈동사ing〉하지 않고 〈동사〉하다.
3. without은 빈번히 쓰이는 전치사이므로 많은 예문을 보고 익숙해지도록 한다.

EXAMPLE

1. drive without insurance
   운전하다 ~없이 보험
2. drive without a license
3. live without you
4. live without water
5. leave without permission
   떠나다 허가
6. a party without you
7. a prison without bars
   감옥 창살
8. Do not touch anything without my permission
   ~하지 마 건드리다 어느 것도
9. come back without delay
   돌아오다 지체 없이
10. You have to come back without delay
    ~해야 한다
11. He survived the accident without a scratch
    ~에서 살아남다 사고 하나의 긁힘
12. I can open a door without a key
    열쇠
13. I cannot read without my glasses
    안경(항상 복수)
14. make money without working
    돈을 벌다 일하기
15. leave without saying goodbye
    안녕이라고 말하기
16. sit without moving
    앉다 움직임
17. pass the exam without studying
    시험을 통과하다 공부하기
18. You never go by the store without shopping
    지나치다 쇼핑하기
19. This train passes the next station without stopping
    지나간다 다음 역을 멈추기
20. He went out without telling me
    외출했다 나에게 말하기

SPEAKING TEST

일단 외워 눈으로만 보면 입으로 발음할 수 없고, 발음할 수 없으면 빨리 읽을 수 없다!

1. 빠르건 느리건 창피해하지 말고 일단 무조건 **큰 소리**로 내뱉어 혀를 풀자!
2. 조금이라도 꼬이는 문장은 입에서 자연스럽게 나올 때까지 **10번 이상 반복**하자!
3. 반복 외엔 방법 없다! CRAZY LEVEL을 달성할 때까지 **미친 듯이 리피트!**

1. 운전하다, 보험 없이.
   _{insurance}
2. 운전하다, 면허 없이.
   _{license}
3. 살다, 너 없이.
4. 살다, 물 없이.
5. 떠나다, 허가 없이.
   _{permission}
6. 파티, 니가 없는.
7. 감옥, 창살 없는.
   _{prison bar}
8. 손대지 마, 아무 것도, 내 허가 없이.
   _{touch}
9. 돌아오다, 지체 없이.
   _{delay}
10. 너는 돌아와야만 한다, 지체 없이.
    _{come back}
11. 그는 살아남았다, 사고에서, 긁힘 하나 없이.
    _{survive   scratch}
12. 나는 그 문을 열 수 있다, 열쇠 없이.
    _{key}
13. 나는 읽을 수 없다, 내 안경 없이.
    _{glasses}
14. 돈을 벌다, 일하기 없이.
    _{work}
15. 떠나다, 안녕이라고 말하기 없이.
    _{goodbye   say}
16. 앉다, 움직이기 없이.
    _{move}
17. 그 시험을 통과하다, 공부하기 없이.
    _{pass   study}
18. 너는 절대 지나치지 않는다, 가게를, 쇼핑 없이.
    _{never go by   shop}
19. 이 기차는 통과한다, 다음 역을, 멈추기 없이.
    _{pass   stop}
20. 그는 외출했다, 나에게 말해주기 없이.
    _{tell}

GRAMMAR TEST

056 before ~전에, after ~후에

before the game, after the game
1. 시간, 순서의 전후를 나타낸다.
2. before + 시간, 명사, 문장, 현재분사(ing) : ~전
3. after + 시간, 명사, 문장, 현재분사(ing) : ~후

EXAMPLE

1. before the game
    명사
2. 2 days before the picnic
    명사
3. before that
    명사
4. before 3 o'clock
    시각
5. before January 15th
    날짜
6. before 1950
    날짜
7. before you start
    문장
8. before he dies
    문장   3단현s
9. before driving
    ing(현재분사)
10. before use
    사용 전   명사(사용)
11. after 2 days
12. 2 days after the game
13. after school
14. after work
15. after the war
16. after 10 o'clock
17. after an hour
18. after exercising
    exercise : 운동하다
19. after driving
    ing(현재분사)
20. after he dies

SPEAKING TEST

| 일단 외워 | 눈으로만 보면 입으로 발음할 수 없고, 발음할 수 없으면 빨리 읽을 수 없다! |

1. 빠르건 느리건 창피해하지 말고 일단 무조건 **큰 소리**로 내뱉어 혀를 풀자!
2. 조금이라도 꼬이는 문장은 입에서 자연스럽게 나올 때까지 **10번 이상 반복**하자!
3. 반복 외엔 방법 없다! CRAZY LEVEL을 달성할 때까지 **미친 듯이 리피트!**

1 경기 전
   game

2 소풍 2일 전
   picnic

3 그 전
   that

4 3시 이전

5 1월 15일 이전

6 1950년 이전
   19/50

7 니가 시작하기 전
   start

8 그가 죽기 전
   die

9 내가 떠나기 전
   leave

10 사용 전
   use

11 2일 후

12 경기 2일 후

13 방과 후
   school

14 업무 후
   work

15 전쟁 후
   war

16 10시 이후

17 1시간 후

18 운동 후
   excise

19 운전 후
   drive

20 그가 죽은 후
   die

GRAMMAR TEST

057 for, during, while ~동안

for an hour, during the vacation, while you are young

1. for + 구체적인 시간 : 〈시간〉 동안
2. during + 명사 : 〈명사〉 동안
3. while + 문장, 현재분사(ing) : 〈문장〉인 동안

EXAMPLE

1. for 10 minutes
   시간
2. for an hour
   시간
3. for 3 days
   기간
4. for 2 weeks
   기간
5. for 6 months
   기간
6. for 10 years
   기간
7. for a long time
   기간
8. during the vacation
   명사
9. during the movie
   명사
10. during the 1990s
    명사
11. during the winter
    명사
12. during the break
    명사
13. during the day
    명사
14. during the meal
    명사
15. while we are eating
    문장
16. while I am reding
    문장
17. while you are young
    문장
18. while you are here
    문장
19. while driving
    ing(현재분사)
20. while eating
    ing(현재분사)

SPEAKING TEST

일단 외워 눈으로만 보면 입으로 발음할 수 없고, 발음할 수 없으면 빨리 읽을 수 없다!

1. 빠르건 느리건 창피해하지 말고 일단 무조건 **큰 소리**로 내뱉어 혀를 풀자!
2. 조금이라도 꼬이는 문장은 입에서 자연스럽게 나올 때까지 **10번 이상 반복**하자!
3. 반복 외엔 방법 없다! CRAZY LEVEL을 달성할 때까지 **미친 듯이 리피트!**

1. 10분 동안
   minutes
2. 1시간 동안
   hour
3. 3일 동안
   day
4. 2주 동안
   week
5. 6개월 동안
   month
6. 10년 동안
   year
7. 오랜 시간 동안
   long
8. 휴가 동안
   vacation
9. 영화(가 상영될) 동안
   movie
10. 1990년대 동안
    19/90
11. 겨울 동안
    winter
12. 휴식시간 동안
    break
13. 낮 동안
    day
14. 식사(하는) 동안
    meal
15. 우리가 먹고 있는 동안
    eating
16. 내가 읽고 있는 동안
    reading
17. 니가 젊은 동안
    young
18. 니가 여기 있는 동안
    be hear
19. 운전하는 동안
    drive
20. 먹는 동안
    eat

GRAMMAR TEST

058 since ~이래로, until ~까지

일단 외워 *since 1977, until water boils*

1. since ~ : 과거에 시작된 어떤 행동이 지속됨을 나타낸다.
2. since는 현재완료를 동반하는 경우가 많다.
3. until ~ : 어떤 행동이 지속되는 기간을 나타낸다.

EXAMPLE

1. since Monday
   부터(이래로) 과거의 한 시점
2. since 1975
3. since 7:30
4. since I arrived
   과거
5. since he died
   과거
6. since she left
7. since the accident
   명사
8. since 2011
9. since that day
10. since last night
11. until Friday
    까지 금요일까지 어떤 행위가 지속됨을 뜻함
12. until 12 o'clock
13. until midnight
14. until now
15. until 2010
16. until water boils
    끓다 3단현s
17. until I come back
18. until the music is over
19. until tomorrow
20. until I die

SPEAKING TEST

 Joking me?  Good Job  CRAZY!

일단 외워 눈으로만 보면 입으로 발음할 수 없고, 발음할 수 없으면 빨리 읽을 수 없다!

1. 빠르건 느리건 창피해하지 말고 일단 무조건 **큰 소리**로 내뱉어 혀를 풀자!
2. 조금이라도 꼬이는 문장은 입에서 자연스럽게 나올 때까지 **10번 이상 반복**하자!
3. 반복 외엔 방법 없다! CRAZY LEVEL을 달성할 때까지 **미친 듯이 리피트!**

1. 월요일 이래로
2. 1975년 이래로
   19/75
3. 7시 30분 이래로
4. 내가 도착한 이래로
   arrive
5. 그가 죽은 이래로
   die
6. 그녀가 떠난 이래로
   leave
7. 그 사고 이래로
   accident
8. 2011년 이래로
   2000/11
9. 그날 이래로
   that day
10. 어제 이래로
11. 금요일까지
12. 12시 정각까지
    o'clock
13. 자정까지
    midnight
14. 지금까지
    now
15. 2010년까지
    2000/10
16. 물이 끓을 때까지
    boil
17. 내가 돌아올 때까지
    come back
18. 그 음악이 끝날 때까지
    over
19. 내일까지
20. 내가 죽을 때까지
    die

GRAMMAR TEST

059 once a day 하루 한 번

일단 외워 *once a day*
1. 회수 + 주기 : 〈주기〉마다 〈회수〉를 반복한다.
2. once a day = daily, once a week = weekly, once a month = monthly
3. 회화에서 빈번히 사용하는 표현이므로 익숙해질 때까지 반복한다.

EXAMPLE

1. once an hour
   한 번 한 시간에
2. every half an hour
   매 ~의 절반 한 시간의(30분 마다)
3. once a day
   하루에
4. twice a week
   두 번 일주일에
5. three times a month
   세 번 한 달에
6. everyday
   매일
7. every other day
   매 하루 걸러
8. every third day
   매 셋째 날마다
9. every fourth day
   넷째
10. every month
    매 달
11. every three months
12. once a month
    한 번 한 달에
13. monthly
    월 단위로
14. every year
15. every four years
    매 4 년
16. every ten years
17. twice every decade
    두 번 매 10년 마다
18. once every five decades
    5 10년 마다
19. once every a half century
    반 세기(100년)
20. once every century
    매 세기

136

SPEAKING TEST

일단 외워 눈으로만 보면 입으로 발음할 수 없고, 발음할 수 없으면 빨리 읽을 수 없다!
1. 빠르건 느리건 창피해하지 말고 일단 무조건 **큰 소리**로 내뱉어 혀를 풀자!
2. 조금이라도 꼬이는 문장은 입에서 자연스럽게 나올 때까지 **10번 이상 반복**하자!
3. 반복 외엔 방법 없다! CRAZY LEVEL을 달성할 때까지 **미친 듯이 리피트!**

1. 한 번, 한 시간에.
2. 매 30분, 한 시간에.
3. 한 번, 하루에.
4. 두 번, 한 주에.
5. 세 번, 한 달에.
6. 매일.
7. 이틀 마다.
8. 사흘 마다.
9. 나흘 마다.
10. 매달 마다.
11. 석 달 마다.
12. 한 번, 한 달에.
13. 다달이.
14. 매년.
15. 4년 마다.
16. 10년 마다.
17. 두 번, 매 10년 마다. (decade)
18. 한 번, 매 50년 마다.
19. 한 번, 매 반세기 마다. (half century)
20. 한 번, 매 세기 마다. (century)

GRAMMAR TEST

060　time 시간

일단 외워　*7:30 seven thity*
1. 시간을 읽는 다양한 방법을 연습한다.
2. o'clock = of the clock : 정각을 의미한다.
3. 일상적인 대화에서 빈번하게 쓰이므로 익숙해질 때까지 반복한다.

EXAMPLE

1. five (5:00)
2. nine (9:00)
3. five o'clock (5:00)
   　　　정각
4. nine o'clock (9:00)
   　　　of the clock
5. five thirty (5:30)
6. nine thirty (9:30)
7. half past five (5:30)
   　반　　지난
8. half to eleven (10:30)
   　반　~까지
9. ten to seven (6:50)
10. six fifty (6:50)
11. ten before six (5:50)
    　　　전
12. quarter past three (3: 15)
    　1/4　　지난
13. quarter to four (3:45)
    　1/4　~까지
14. three forty five
15. quarter before twelve (11:45)
    　1/4　　전
16. ten after seven (7:10)
    　　　후
17. twelve p.m. (12:00 p.m.)
18. noon
    　정오
19. twelve a.m. (12:00 a.m.)
20. midnight
    　자정

SPEAKING TEST

일단 외워 눈으로만 보면 입으로 발음할 수 없고, 발음할 수 없으면 빨리 읽을 수 없다!
1. 빠르건 느리건 창피해하지 말고 일단 무조건 **큰 소리**로 내뱉어 혀를 풀자!
2. 조금이라도 꼬이는 문장은 입에서 자연스럽게 나올 때까지 **10번 이상 반복**하자!
3. 반복 외엔 방법 없다! CRAZY LEVEL을 달성할 때까지 **미친 듯이 리피트!**

1 5시

2 9시

3 5시 정각

4 9시 정각

5 5시 30분

6 9시 30분

7 5시 반
   past

8 11시 30분 전
   to

9 7시 10분 전
   to

10 6 : 50

11 6시 10분 전
   before

12 3시 15분
   past

13 4시까지 15분 전
   to

14 3 : 45

15 12시 15분 전
   before

16 7시 10분
   after

17 오후 12시

18 정오

19 오전 12시

20 자정

GRAMMAR TEST

061 date 날짜

일단 외워 8.15 August fifteenth
1. 월 + 일 + 연도 : 미국식(Jul. 27th 1996)
2. 일 + 월 + 연도 : 영국식(27th Jul. 1996)
3. 서수 표현 읽는 법에 익숙해질 때까지 반복한다.

EXAMPLE

1 January(Jan) 1월
2 February(Feb) 2월
3 March(Mar) 3월
4 April(Apr) 4월
5 May(May) 5월
6 June(Jun) 6월
7 July(Jul) 7월
8 August(Aug) 8월
9 September(Sep) 9월
10 October(Oct) 10월
11 November(Nov) 11월
12 December(Dec) 12월
13 the first(1st) 첫째(날)
14 the second(2nd)
15 the third(3rd)
16 the fifth(5th)
17 the eleventh(11th)
18 the fourteenth(14th)
19 the twentyth(20th)
20 the twenty first(21st)

SPEAKING TEST

Joking me?

Good Job

CRAZY!

일단 외워 눈으로만 보면 입으로 발음할 수 없고, 발음할 수 없으면 빨리 읽을 수 없다!
1. 빠르건 느리건 창피해하지 말고 일단 무조건 **큰 소리**로 내뱉어 혀를 풀자!
2. 조금이라도 꼬이는 문장은 입에서 자연스럽게 나올 때까지 **10번 이상 반복**하자!
3. 반복 외엔 방법 없다! CRAZY LEVEL을 달성할 때까지 **미친 듯이 리피트!**

1	1월
2	2월
3	3월
4	4월
5	5월
6	6월
7	7월
8	8월
9	9월
10	10월
11	11월
12	12월
13	1일
14	2일
15	3일
16	5일
17	11일
18	14일
19	20일
20	21일

GRAMMAR TEST

062 year 연도

일단 외워 *1989 nineteen / eighty-nine*
1. 2000년 이전 : 두 단위로 끊어 읽는다.
2. 2000년 이후 : 일반적인 숫자 읽기와 동일하다.
3. 숫자 읽기에 익숙해질 때까지 반복한다.

EXAMPLE

1. **1995**
   19/95
2. **1845**
   18/45
3. **1980**
   19/80
4. **1999**
   19/99
5. **1987**
   19/87
6. **2000**
   two thousands
7. **2001**
   two thousands one
8. **2009**
9. **2010**
10. **2012**
11. **1900s**
    19/100s
12. **1970s**
    19/70s
13. **2010s**
    19/95s
14. **1880s**
    18/80s
15. **1990s**
    19/90s
16. **the 19th century**
    19번째   세기
17. **the 21st century**
18. **the early 18th century**
    이른
19. **the mid 19th century**
    중간
20. **the late 20th century**
    늦은

SPEAKING TEST

일단 외워 눈으로만 보면 입으로 발음할 수 없고, 발음할 수 없으면 빨리 읽을 수 없다!
1. 빠르건 느리건 창피해하지 말고 일단 무조건 **큰 소리**로 내뱉어 혀를 풀자!
2. 조금이라도 꼬이는 문장은 입에서 자연스럽게 나올 때까지 **10번 이상 반복**하자!
3. 반복 외엔 방법 없다! CRAZY LEVEL을 달성할 때까지 **미친 듯이 리피트**!

1. 1995년
2. 1845년
3. 1980년
4. 1999년
5. 1987년
6. 2000년
7. 2001년
8. 2009년
9. 2010년
10. 1012년
11. 1900년대
12. 1970년대
13. 2010년대
14. 1880년대
15. 1990년대
16. 19세기
17. 21세기
18. 18세기 초반
19. 19세기 중반
20. 20세기 후반

GRAMMAR TEST

063 preposition - 1 전치사 1

일단 외워 **preposition + noun**

1. 전치사 + 명사
2. 대표적인 전치사는 익숙해질 때까지 반복한다.
3. 전치사는 언어 습관과 연관이 있어 법칙을 외우기보다는 보다는 익숙해져야 한다.

EXAMPLE

1. **in the desk**
   ~의 안

2. **on the desk**
   ~의 위

3. **by the desk**
   ~의 옆

4. **under the desk**
   ~의 아래

5. **near the desk**
   ~의 근처

6. **with me**
   ~와 함께

7. **with you**

8. **to London**
   ~로(방향)

9. **in New York**
   ~에(도시)

10. **of the boy**
    ~의(소유)

11. **of the girl**

12. **in the morning**
    시간의 범위

13. **during the winter**
    ~동안

14. **on Monday**
    날짜

15. **at 6 o'clock**
    시간

16. **for 2 years**
    ~동안

17. **before 7 p.m.**
    ~전

18. **after dinner**
    ~후

19. **about her**
    ~에 대하여

20. **at Shinjuku in Tokyo**
    장소, 지점   도시 전체

SPEAKING TEST

 Joking me?  Good Job  CRAZY!

일단 외워 눈으로만 보면 입으로 발음할 수 없고, 발음할 수 없으면 빨리 읽을 수 없다!
1. 빠르건 느리건 창피해하지 말고 일단 무조건 **큰 소리**로 내뱉어 혀를 풀자!
2. 조금이라도 꼬이는 문장은 입에서 자연스럽게 나올 때까지 **10번 이상 반복**하자!
3. 반복 외엔 방법 없다! CRAZY LEVEL을 달성할 때까지 **미친 듯이 리피트!**

1. 책상 안에
2. 책상 위에
3. 책상 옆에
4. 책상 아래
5. 책상 근처에
6. 나와 함께
7. 너와 함께
8. 런던으로
9. 뉴욕에
10. 소년의
11. 소녀의
12. 아침에
13. 겨울 동안에
14. 월요일에
15. 6시에
16. 2년 동안
17. 오후 7시 전에
18. 저녁식사 후에
19. 그녀에 대하여
20. 도쿄의 신주쿠에

GRAMMAR TEST

064 preposition - 2 전치사 2

preposition + noun
1. 전치사 + 명사
2. 대표적인 전치사는 익숙해질 때까지 반복한다.
3. 전치사는 언어 습관과 연관이 있어 법칙을 외우기보다는 보다는 익숙해져야 한다.

EXAMPLE

1. in French
   언어
2. for 2 years
   ~동안
3. at 7:30
   시간, 지점
4. in September
   달
5. on Monday
   날짜
6. within 7 days
   ~내에
7. since last year
   ~이래로
8. under the table
   ~아래
9. between London and Paris
   ~사이에   와
10. among the trees
    ~사이에
11. before the school
    앞에서(공간)
12. behind the house
    뒤에서(공간)
13. by the window
    ~옆에
14. go to church
    귀착점
15. from here
    시작점
16. over the mountain
    ~너머, ~위
17. into the room
    ~안으로(방향)
18. out of the room
    ~밖으로(방향)
19. get off a bus
    ~해지다 멀리(내리다, 떨어지다)
20. get on a bus
    ~해지다 위로(올라타다)

SPEAKING TEST

Joking me? Good Job CRAZY!

일단 외워 눈으로만 보면 입으로 발음할 수 없고, 발음할 수 없으면 빨리 읽을 수 없다!
1. 빠르건 느리건 창피해하지 말고 일단 무조건 **큰 소리**로 내뱉어 혀를 풀자!
2. 조금이라도 꼬이는 문장은 입에서 자연스럽게 나올 때까지 **10번 이상 반복**하자!
3. 반복 외엔 방법 없다! CRAZY LEVEL을 달성할 때까지 **미친 듯이 리피트!**

1 프랑스어로
   French
2 2년 동안
3 7시 30분에
4 9월에
5 월요일에
6 7일 내에
7 작년 이래로
8 테이블 아래에
9 런던과 파리 사이에
10 나무들 중에
11 학교 앞에
12 집 뒤에
13 창문 옆에
14 교회로 가다
   church
15 여기에서(부터)
16 산 위, 산 너머
17 방 안으로
18 방 밖으로
19 버스에서 내리다
   off
20 버스에 올라타다
   on

GRAMMAR TEST

065 word order - 1 어순 1(시기를 나타내는 표현)

일단 외워 *He died 10 years ago*

1. 시간과 관련된 내용은 문장 맨 뒤에 나온다.
2. 시간과 관련된 표현은 여러 가지가 있다.
3. 구체적 시간, 기간, 날짜, 시기(전, 후), 기간을 나타내는 명사 등

EXAMPLE

1. get up early in the morning
2. free in the afternoon
3. go to bed late
4. have 3 cups of coffee everyday
5. worked yesterday
6. arrived at the hotel early
7. saw her this morning
8. went out last night
9. died 10 years ago
10. in London for 2 years
11. go to Manchester during the vacation
12. meet friends after work
13. get there before 10 a.m.
14. stay here until 7 p.m. tomorrow
15. went to the party last night
16. wait until I call your name
17. finish by next weekend
18. start work at 9 a.m.
19. leave on time
20. will be ready in 5 minutes

SPEAKING TEST

일단 외위 눈으로만 보면 입으로 발음할 수 없고, 발음할 수 없으면 빨리 읽을 수 없다!

1. 빠르건 느리건 창피해하지 말고 일단 무조건 **큰 소리**로 내뱉어 혀를 풀자!
2. 조금이라도 꼬이는 문장은 입에서 자연스럽게 나올 때까지 **10번 이상 반복**하자!
3. 반복 외엔 방법 없다! CRAZY LEVEL을 달성할 때까지 **미친 듯이 리피트!**

1. 아침 일찍 일어난다.
   _{get up}
2. 오후에 한가하다.
   _{free}
3. 늦게 잠자리에 든다.
   _{go to bed}
4. 매일 커피 3잔을 마신다.
   _{have}
5. 어제 일했다.
   _{work}
6. 호텔에 일찍 도착했다
   _{arrive}
7. 오늘 아침에 그녀를 보았다.
   _{see}
8. 어제 저녁에 외출했었다.
   _{go out}
9. 10년 전에 죽었다.
   _{die}
10. 2년 동안 런던에서.
    _{in}
11. 휴가 동안 맨체스터에 간다.
    _{vacation   to   go}
12. 업무 후에 친구들을 만난다.
    _{after work}
13. 오전 10시 전에 거기에 도달한다.
    _{get}
14. 내일 오후 7시까지 여기에 머무른다.
    _{until   stay}
15. 어젯밤에 파티에 갔었다.
    _{to   go}
16. 내가 너의 이름을 부를 때까지 기다린다.
    _{call   until}
17. 다음주 말까지 끝마친다.
    _{finish}
18. 오전 9시에 일을 시작한다.
    _{at   start}
19. 제시간에 떠난다.
    _{on time}
20. 5분 내에 준비될 것이다.
    _{in   will}

GRAMMAR TEST

066 word order - 2 어순 2(정도를 나타내는 표현)

일단 외워 *I love you so much*
1. 문장의 의미를 확실하게 해주는 부가 설명은 맨 뒤에 나온다.
2. 정도, 방향, 양, 시간, 속도 등.
3. 부가 설명이 없어도 문장은 성립한다.

EXAMPLE

1. I like Japanese food very much
   좋아하다 / 매우(정도)
2. He walked slowly
   걸었다 / 느리게
3. She drinks too much
   마신다 / 너무 많이
4. I have 3 cups of coffee a day
   섭취한다 / 3컵을 / 하루에
5. Speak clearly
   말하다 / 분명하게
6. I love you so much
   사랑하다 / 아주 많이
7. The population of Korea has grown exponentially
   인구 / 성장했다 / 기하급수적으로
8. My income has increased by 20%
   수입 / 증가했다 / ~에 비해 / 작년
9. After the accident, his life changed dramatically
   사고 / 극적으로
10. I will be back very soon
    돌아오다 / 곧
11. People began to die one by one
    하나씩
12. Your English is improving little by little
    발전하고 있다 / 조금씩
13. She worked very hard
    매우 열심히
14. He explained the problem in detail
    설명했다 / 자세하게
15. I looked at her eyes for a long time
    쳐다봤다 / 오랫동안
16. You have to get up earlier
    기상하다 / 더 일찍
17. Dr. Ahn's book was published immediately
    출판되었다 / 즉각
18. I met her for the very first time
    최초로
19. Go straight and turn left
    똑바로 / 좌측으로
20. We have to spend our time effectively
    소비하다 / 효과적으로

SPEAKING TEST

일단 외워! 눈으로만 보면 입으로 발음할 수 없고, 발음할 수 없으면 빨리 읽을 수 없다!

1. 빠르건 느리건 창피해하지 말고 일단 무조건 **큰 소리**로 내뱉어 혀를 풀자!
2. 조금이라도 꼬이는 문장은 입에서 자연스럽게 나올 때까지 **10번 이상 반복**하자!
3. 반복 외엔 방법 없다! CRAZY LEVEL을 달성할 때까지 **미친 듯이 리피트!**

1. 나는 일식을 좋아해, 매우
   like
2. 그는 걸었어, 천천히
   walk
3. 그녀는 마셔, 너무 많이
   drink
4. 나는 3잔의 커피를 마셔, 하루에
   have
5. 말해, 분명히
   speak
6. 나는 너를 사랑해, 아주아주
   so much
7. 한국의 인구는 증가했다, 기하급수적으로
   has grown
8. 나의 수입은 증가했다, 20%
   increase
9. 사고 후, 그의 인생은 바뀌었다, 극적으로
   life
10. 나는 돌아올 것이다, 곧
    be back
11. 사람들은 죽기 시작했다, 하나씩
    begin to
12. 너의 영어는 발전하고 있다, 조금씩
    improve
13. 그녀는 일했다, 매우 열심히
    work
14. 그는 그 문제를 설명했다, 자세히
    explain
15. 나는 그녀의 눈을 쳐다봤다, 오랜 시간 동안
    look at
16. 너는 일어나야 한다, 더 일찍
    get up
17. 안 박사의 책은 출판되었다, 즉시
    publish
18. 나는 그녀를 만났다, 최초로
    meet
19. 가라 똑바로, 그리고 돌아라, 좌측으로
    go   *turn*
20. 우리는 우리의 시간을 소비해야 한다, 효과적으로
    spend

반복 외엔 방법 없다 미친듯이 리피트
GRAMMAR TEST

067 word order - 3 어순 3(장소를 나타내는 표현)
 MP3 67

일단 외워 **I live in London**
1. 동작이 일어난 구체적 장소는 맨 뒤에 나온다.
2. at, in, on, from, to 등 전치사와 함께 장소가 나온다.
3. 회화에서 빈번히 쓰이는 전치사들은 익숙해질 때까지 반복한다.

1. He is in the park
   ~있다   공원에(장소)
2. The people are walking in the park
   걷고 있다   공원에서
3. I eat lunch in the office
   먹는다   사무실에서
4. She is not in the office
   없다   사무실에
5. I took some pictures at the park
   찍었다   사진들을   공원에서
6. I bought this bag at the department store
   샀다   가방을   백화점에서
7. How long were you in London?
   있었다   런던에
8. I left my things in the subway
   남겨두다   물건을   지하철에
9. People are swimming in the pool
   풀장에서
10. The elevator stopped at the 7th floor
    멈췄다   7층에서
11. There were many cars on the street
    있었다   길거리에
12. My school is not far from here
    ~멀지 않다   여기에서
13. He lived in England
    살았다   영국에서
14. I am going to stay at the Chesterfield Hotel
    머무를 것이다   체스터필드호텔에서
15. I want to meet you at the office
    만나기를 원한다   너를   사무실에서
16. The bird escaped from the cage
    탈출했다   새장에서
17. She was born in New York City
    태어났다   뉴욕시에서
18. I buy many things on the Internet
    산다   많은   것들을   인터넷상에서
19. The girls are sitting under the tree
    앉아 있다   나무 아래에
20. Do you live around here?
    사니?   이 근처에

152

반복 외엔 방법 없다 **미친듯이 리피트**
SPEAKING TEST

일단 외워 눈으로만 보면 입으로 발음할 수 없고, 발음할 수 없으면 빨리 읽을 수 없다!
1. 빠르건 느리건 창피해하지 말고 일단 무조건 **큰 소리**로 내뱉어 혀를 풀자!
2. 조금이라도 꼬이는 문장은 입에서 자연스럽게 나올 때까지 **10번 이상 반복**하자!
3. 반복 외엔 방법 없다! CRAZY LEVEL을 달성할 때까지 **미친 듯이 리피트!**

1. 그는 공원 안에 있다.
   _{in   is}
2. 사람들이 공원 안에서 걷고 있다.
   _{walk}
3. 나는 사무실 안에서 점심을 먹는다.
   _{lunch   eat}
4. 그녀는 사무실 안에 있지 않다.
   _{in}
5. 나는 공원에서 약간의 사진을 찍었다.
   _{at   picture take}
6. 나는 그 가게에서 이 가방을 샀다.
   _{at}
7. 얼마나 오래 너는 영국에 있었니?
   _{how long   in}
8. 나는 지하철 안에 내 물건들을 남겼다(두고 내렸다).
   _{thing   leave}
9. 사람들은 풀장 안에서 수영하고 있다.
   _{pool   in}
10. 승강기는 7층에서 멈췄다.
    _{stop}
11. 길거리 위에 많은 차들이 있다.
    _{on the street}
12. 내 학교는 여기에서 멀지 않다.
    _{not far}
13. 그는 영국에 살았었다.
    _{in   live}
14. 나는 체스터필드 호텔에서 머물 것이다.
    _{at   stay}
15. 나는 사무실에서 너를 만나기를 원한다.
    _{at   meet   want}
16. 그 새는 새장에서 탈출했다.
    _{cage   escape}
17. 그녀는 뉴욕시에서 태어났다.
    _{N.Y City   in   born}
18. 나는 많은 것들을 인터넷 상에서 산다.
    _{many things   on   buy}
19. 그 소녀들은 나무 밑에 앉아 있다.
    _{under   sit}
20. 너는 이 근처에 사니?
    _{around here}

GRAMMAR TEST

068　if 만약(가정)

if you want

1. if + 현재시제 문장 : 〈문장〉의 내용이 성립된다면.
2. 막연한 가정을 나타낸다.
3. 곧 일어날 상황을 가정하는 'when + 현재시제 문장'과 뉘앙스가 약간 다르다.

EXAMPLE

1. If I can
   만약 할 수 있으면
2. If I go there
   거기에 가다
3. If I am late
4. If I must do
5. If I buy
6. If you want
7. If you are hungry
8. If you do not go
   가지 않다
9. If you have
10. If you hurry
    서두르다
11. If we win
12. If we can
13. If we work hard
    열심히
14. If we go early
    일찍
15. If the sky is clear
    맑은
16. If the wind is strong
    강한
17. If the weather is nice
    좋은
18. If it rains
    3단현s
19. If it is true
20. If it does not fit
    맞다

SPEAKING TEST

눈으로만 보면 입으로 발음할 수 없고, 발음할 수 없으면 빨리 읽을 수 없다!

1. 빠르건 느리건 창피해하지 말고 일단 무조건 **큰 소리**로 내뱉어 혀를 풀자!
2. 조금이라도 꼬이는 문장은 입에서 자연스럽게 나올 때까지 **10번 이상 반복**하자!
3. 반복 외엔 방법 없다! CRAZY LEVEL을 달성할 때까지 **미친 듯이 리피트!**

1. 만약 내가 할 수 있다면.
   can
2. 만약 내가 거기 간다면.
   go
3. 만약 내가 늦는다면.
   late
4. 만약 내가 반드시 해야 한다면.
   must
5. 만약 내가 산다면.
   buy
6. 만약 니가 원한다면.
   want
7. 만약 니가 배가 고프다면.
   hungry
8. 만약 니가 가지 않는다면.
   go
9. 만약 니가 가지고 있다면.
   have
10. 만약 니가 서두른다면.
    hurry
11. 만약 우리가 이긴다면.
    win
12. 만약 우리가 할 수 있다면.
    can
13. 만약 우리가 열심히 일한다면.
    hard
14. 만약 우리가 일찍 간다면.
    early
15. 만약 하늘이 맑다면.
    clear
16. 만약 바람이 강하다면.
    strong
17. 만약 날씨가 좋다면.
    fine
18. 만약 비가 온다면.
    rain
19. 만약 그것이 사실이라면.
    true
20. 만약 그것이 맞지 않는다면.
    fit

GRAMMAR TEST

069 because ~때문에

일단 외워 *because I love you, because of you*

1. because + 문장 : 〈문장〉하기 때문에
2. because + of + 명사 : 〈명사〉 때문에
3. 일상적인 대화에서 빈번히 쓰이므로 익숙해질 때까지 반복한다.

EXAMPLE

1. because I am happy
   때문에   내가 행복하다(문장)
2. because I love you
   내가 너를 사랑하기 때문에
3. because I do not like her
4. because I lost my passport
   잃어버렸다
5. because I had no money
6. because you are so beautiful
7. because you were late
8. because you cannot speak English
9. because you wanted it
10. because he is poor
11. because he was not there
12. because he could not find a job
13. because he is my father
14. because she is honest
    정직한
15. because she is very cute
    깜찍한
16. because she eats too much
    3단현s   너무 많이
17. because of my mother
    단어
18. because of the rain
    전치사 + 명사
19. because of bad weather
    나쁜 날씨 때문에
20. because of you
    너 때문에

SPEAKING TEST

Joking me?   Good Job   CRAZY!

일단 외워 눈으로만 보면 입으로 발음할 수 없고, 발음할 수 없으면 빨리 읽을 수 없다!
1. 빠르건 느리건 창피해하지 말고 일단 무조건 **큰 소리**로 내뱉어 혀를 풀자!
2. 조금이라도 꼬이는 문장은 입에서 자연스럽게 나올 때까지 **10번 이상 반복**하자!
3. 반복 외엔 방법 없다! CRAZY LEVEL을 달성할 때까지 **미친 듯이 리피트!**

1. 나는 행복하기 때문에
   happy
2. 나는 너를 사랑하기 때문에
   love
3. 나는 그녀를 좋아하지 않기 때문에
   like
4. 나는 내 여권을 잃어버렸기 때문에
   lost
5. 나는 돈이 없었기 때문에
   have no money
6. 너는 매우 아름답기 때문에
   beautiful
7. 너는 늦었기 때문에
   late
8. 너는 영어를 말할 수 없기 때문에
   speak
9. 니가 그것을 원했기 때문에
   want
10. 그는 가난하기 때문에
    poor
11. 그는 그곳에 없었기 때문에
    be not there
12. 그는 직업을 찾지 못했기 때문에
    job   find
13. 그는 내 아버지이기 때문에
    father
14. 그녀는 정직하기 때문에
    honest
15. 그녀는 매우 귀엽기 때문에
    cute
16. 그녀는 너무 많이 먹기 때문에
    too much
17. 나의 어머니 때문에
    mother
18. 비 때문에
    rain
19. 나쁜 날씨 때문에
    weather
20. 너 때문에

GRAMMAR TEST

070 not enough 충분하지 않은

일단 외워 *not enough money, not rich enough*

1. not enough + 명사 : 충분하지 않은 〈명사〉
2. not + 형용사 + enough : 충분히 〈형용사〉한 상태가 아닌
3. 회화에서 빈번히 쓰이는 패턴이므로 익숙해질 때까지 반복한다.

EXAMPLE

1. enough money
   충분한   돈
2. not enough time
3. enough space
   공간
4. not enough water
5. enough food
6. not enough sleep
7. enough apartment
   임대주택
8. not enough memory
   충분하지 않은
9. not enough evidence
   증거
10. not enough money
11. rich enough
    충분히
12. not dry enough
    충분히 마른
13. simple enough
    간단한
14. hard enough
    어려운
15. not smart enough
    똑똑한
16. not bright enough
    밝은
17. tall enough
18. big enough
19. not clear enough
    선명한
20. not rich enough

158

SPEAKING TEST

일단 외워 눈으로만 보면 입으로 발음할 수 없고, 발음할 수 없으면 빨리 읽을 수 없다!
1. 빠르건 느리건 창피해하지 말고 일단 무조건 **큰 소리**로 내뱉어 혀를 풀자!
2. 조금이라도 꼬이는 문장은 입에서 자연스럽게 나올 때까지 **10번 이상 반복**하자!
3. 반복 외엔 방법 없다! CRAZY LEVEL을 달성할 때까지 **미친 듯이 리피트!**

1 충분한 돈
2 불충분한 시간
3 충분한 공간
　　space
4 불충분한 물
5 충분한 음식
6 불충분한 수면
　　　sleep
7 충분한 임대주택
　　　apartment
8 불충분한 메모리
9 불충분한 증거
　　　evidence
10 불충분한 돈
11 충분히 부유한
　　　rich
12 충분히 건조하지 않은
　　　dry
13 충분히 간단한
　　　simple
14 충분히 어려운
　　　hard
15 충분히 똑똑하지 않은
　　　smart
16 충분히 밝지 않은
　　　bright
17 충분히 키가 큰
　　　tall
18 충분히 큰
19 충분히 선명하지 않은
　　　clear
20 충분히 부유하지 않은

반복 외엔 방법 없다
미친듯이 리피트
CRAZY REPEAT

THE VERY FIRST STARBUCKS COFFEE IN SEATTLE

PREVIEW

FOURTH STAGE
ADVANCED EXPRESSION

It	071	해석하지 않는 비인칭주어
There	072	해석하지 않는 비인칭주어
Where is ?	073	어디 있니?
Is there ?	074	~가 있니?
Do you ?	075	너 ~하니?
Can I ?	076	나 ~해도 돼?
May I ?	077	저 ~해도 되겠습니까?
Can you ?	078	~해줄래?
You cannot	079	~하면 안 돼
Where can I ?	080	어디서 내가 ~할 수 있니?
How can I ?	081	어떻게 내가 ~할 수 있니?
How many ?	082	얼마나 많은
How long? / far? / often?	083	얼마나 ~하니?
How about ?	084	~는 어때?
How was ?	085	~는 어땠니?
I heard	086	~라고 들었다
I've ever seen	087	여태껏 봤던 중에
I would like to	088	~했으면 합니다
Would you mind ?	089	~해도 되겠습니까?
Shall we ?	090	~하실까요?
Maybe	091	아마도
wanna	092	~하고 싶어
gonna	093	~할 거야
too~ to ~	094	~하기엔 너무 ~한
from~, to ~	095	~에서, ~까지
make me happy	096	나를 행복하게 해
never again	097	다시는 ~하지 않다
let me go	098	나를 가게 하다
If I were	099	내가 만약 ~였다면(가정법)

GRAMMAR TEST

071　It 해석하지 않는 비인칭주어

It is raining

1. It = 대명사(그것), 가주어, 비인칭주어.
2. 가주어 : 주어가 너무 길어 주목성이 떨어질 때 사용하는 형식상의 주어(해석 X).
3. 비인칭주어 : 시간, 요일, 날짜, 날씨, 거리, 명암, 계절, 무게, 색깔 등(해석 X).

EXAMPLE

1　It is 7 : 30
　　시간　　seven-thirty

2　What time is it?
　　시간

3　It is time to go
　　시간

4　It takes 10 minutes
　　시간

5　It is Friday
　　날짜, 요일

6　What day is it?
　　날짜, 요일

7　It is September 15th
　　날짜, 요일

8　It was my birthday yesterday
　　날짜, 요일

9　It is 5 miles from here
　　거리

10　How far is it from London to Yorkshire?
　　거리　　　　　　　　　　　　　　　요크셔

11　It is a long way
　　거리

12　It is not far
　　거리　　멀리

13　It is raining
　　날씨

14　It is windy
　　날씨　　바람이 부는

15　It is nice day today
　　날씨

16　It is warm today
　　날씨

17　It was foggy yesterday
　　날씨　　안개 낀

18　It is hot today
　　날씨

19　It is cloudy today
　　날씨　　구름 낀

20　It is very cold outside
　　날씨　　　　　　　밖

162

SPEAKING TEST

 Joking me?  Good Job  CRAZY!

일단 외워 눈으로만 보면 입으로 발음할 수 없고, 발음할 수 없으면 빨리 읽을 수 없다!
1. 빠르건 느리건 창피해하지 말고 일단 무조건 **큰 소리**로 내뱉어 혀를 풀자!
2. 조금이라도 꼬이는 문장은 입에서 자연스럽게 나올 때까지 **10번 이상 반복**하자!
3. 반복 외엔 방법 없다! CRAZY LEVEL을 달성할 때까지 **미친 듯이 리피트!**

1. 7시 반이다.
   _{It is ~}
2. 몇 시냐?
   _{What time}
3. 갈 시간이다.
   _{go   time}
4. 10분 걸려.
   _{take}
5. 금요일이야.
6. 무슨 요일이냐?
   _{day}
7. 9월 15일이야.
8. 어제 내 생일이었어.
   _{yesterday   birthday}
9. 여기서부터 5마일이야.
   _{from}
10. 런던에서 요크셔까지 얼마나 머니?
    _{from   to   how far}
11. 먼 길이지.
    _{long}
12. 멀지 않아.
    _{far}
13. 비가 오고 있어.
    _{raining}
14. 바람이 부는군.
    _{wind}
15. 오늘 날씨 좋구나.
    _{nice}
16. 오늘 따뜻하네.
    _{warm}
17. 어제는 안개가 꼈었지.
    _{fog}
18. 오늘 덥다.
    _{hot}
19. 오늘 흐려.
    _{cloudy}
20. 밖이 아주 춥구나.
    _{outside   cold}

GRAMMAR TEST

072 There 해석하지 않는 비인칭주어

일단 외워 *There is a book on the table*

1. there는 be동사와 결합하여 존재의 유무 '~가 있다' '~가 없다'로 쓰인다.
2. 존재를 표현할 때 there는 해석하지 않는다.
3. there is / there are / there was / there were

EXAMPLE

1. There is a book on the desk
   의미 없는 주어(해석하지 않는다)
2. There were 4 little rabbits
   토끼
3. There is a train every 10 minutes
   매
4. There was a clock on the wall
   시계
5. There are 2 chairs in the room
6. There are 24 hours in a day
   하루
7. There was an accident last night
8. There is a movie theater near here
   근처
9. There is no difference between them
   차이   ~사이
10. There is no need to hurry
11. There were 50 people there.
    존재   거기에(장소)
12. There are many boys on the ground
13. There are a lot of stars in the sky
14. Is there anybody who can speak Korean?
    의문문
15. Is there a book on the table?
16. Is there STARBUCKS near here?
17. There will be a meeting on Monday at 10 a.m.
    회의   날짜
18. There will be an oral test
    입의
19. There will be a storm soon
    폭풍   곧
20. There will be a blackout from 3 a.m. to 5 a.m.
    정전

SPEAKING TEST

일단 외워 눈으로만 보면 입으로 발음할 수 없고, 발음할 수 없으면 빨리 읽을 수 없다!

1. 빠르건 느리건 창피해하지 말고 일단 무조건 **큰 소리**로 내뱉어 혀를 풀자!
2. 조금이라도 꼬이는 문장은 입에서 자연스럽게 나올 때까지 **10번 이상 반복**하자!
3. 반복 외엔 방법 없다! CRAZY LEVEL을 달성할 때까지 **미친 듯이 리피트!**

1. 책상 위에 책이 있다.
   There is ~ on / be
2. 토끼 4마리가 있었다.
   rabbit / be
3. 매 10분마다 기차가 있다.
   every / be
4. 벽 위에 시계가 있었다.
   on the wall
5. 방 안에 의자 2개가 있다.
   in the room
6. 하루에는 24시간이 있다.
   in a day
7. 어젯밤에 사고가 있었다.
   last night
8. 이 근처에 영화관이 있다.
   near here
9. 그들 사이에 차이는 없다.
   between them / difference
10. 서두를 필요 없다.
    hurry / need
11. 거기에 50명이 있었다.
    there
12. 운동장에 많은 소년들이 있다.
    on the playground
13. 하늘에 많은 별들이 있다.
    in the sky
14. 한국어를 할 수 있는 누군가 있나요?
    can speak / anybody
15. 테이블 위에 책이 있나요?
    Is there ~
16. 이 근처에 스타벅스가 있나요?
    near here
17. 월요일 오전 10시에 회의가 있을 것이다.
    meeting / will be
18. 구두 시험이 있을 것이다.
    oral / test
19. 곧 폭풍이 있을 것이다.
    soon / storm
20. 오전 3시에서 5시까지 정전이 있을 것이다.
    from / to / blackout

GRAMMAR TEST

 Where is 어디 있니?

일단 외워 **Where is the post office**
1. Where is + 〈명사〉 = 〈명사〉는 어디에 있는가?
2. Where do + 〈문장〉 = 〈문장〉이 이루어지는 장소는 어디인가?
3. 의문사가 들어가는 의문문은 끝을 올리지 않는다.

EXAMPLE

1. Where is the restroom?
2. Where are you?
3. Where is the nearest subway station?
4. Where are my shoes?
5. Where are we on this map?
6. Where are they?
7. Where is your office?
8. Where is this place on this map?
9. Where were you last night?
10. Where was he during his working hours?
11. Where do you live?
12. Where did you meet Jane?
13. Where do you want to go?
14. Where did he grow up?
15. Where does Mr. Park work?
16. Where does your English teacher live?
17. Where does the bus stop next?
18. Where did you park your car?
19. Where did you hear that?
20. Where did you build your house?

SPEAKING TEST

일단 외워 눈으로만 보면 입으로 발음할 수 없고, 발음할 수 없으면 빨리 읽을 수 없다!

1. 빠르건 느리건 창피해하지 말고 일단 무조건 **큰 소리**로 내뱉어 혀를 풀자!
2. 조금이라도 꼬이는 문장은 입에서 자연스럽게 나올 때까지 **10번 이상 반복**하자!
3. 반복 외엔 방법 없다! CRAZY LEVEL을 달성할 때까지 **미친 듯이 리피트!**

1 화장실은 어디 있니?
           where be

2 너는 어디 있니?

3 제일 가까운 전철역은 어디 있니?
     the nearest

4 내 신발은 어디 있니?
       shoes

5 우리는 이 지도 위에서 어디 있니?
                on

6 그들은 어디 있니?
     they

7 니 사무실은 어디 있니?

8 이 장소는 이 지도 위에서 어디 있니?
     this place

9 너는 어젯밤에 어디 있었니?
        last night

10 그는 그의 근무시간 동안에 어디 있었니?
          working hours

11 너는 어디 사니?
     do you

12 너는 어디서 제인을 만났니?
             meet

13 너는 어디에 가고 싶니?
          want to go

14 그는 어디서 자랐니?
       grow up

15 박 씨는 어디서 일하니?
         work

16 너의 영어 교사는 어디에 사니?
          live

17 그 버스는 다음에 어디서 멈추니?
       next   stop

18 너는 니 차를 어디에 주차했니?
         park

19 너는 그것을 어디서 들었니?
        hear

20 너는 너의 집을 어디에 지었니?
        build

GRAMMAR TEST

074 Is there ~가 있니?

일단 외워 *is there a book on the table*

1. Is there + 명사 or 장소 : 〈명사 or 장소〉가 존재합니까?
2. there는 비인칭주어이므로 따로 해석하지 않는다.
3. 빈번히 쓰이는 패턴이므로 익숙해질 때까지 반복한다.

EXAMPLE

1. Is there a park?
   해석하지 않음
2. Is there a bus stop?
   버스정류장이 있니?
3. Is there a subway station?
4. Is there anything wrong?
   원가   잘못된
5. Is there a post office?
6. Is there a room?
   방 있니?
7. Is there a bridge?
8. Is there a Japanese restaurant?
9. Is there a ATM?
   현금지급기
10. Is there a dress code?
    복장규정
11. Is there a boy?
12. Is there parking lot?
    주차장
13. Is there a window seat?
    창측좌석
14. Is there a market?
    시장
15. Is there an extra charge?
    추가   요금
16. Is there a gas station?
    주유소
17. Is there anything you want?
    니가 원하는 거 있니?
18. Is there anybody who can help me?
    나를 도울 수 있는 누구 있니?
19. Are there any questions?
    다른 질문(들) 있니?
20. Are there any Korean speakers?
    한국말 하는 사람

SPEAKING TEST

 Joking me?    Good Job    CRAZY!

일단 외워   눈으로만 보면 입으로 발음할 수 없고, 발음할 수 없으면 빨리 읽을 수 없다!
1. 빠르건 느리건 창피해하지 말고 일단 무조건 **큰 소리**로 내뱉어 혀를 풀자!
2. 조금이라도 꼬이는 문장은 입에서 자연스럽게 나올 때까지 **10번 이상 반복**하자!
3. 반복 외엔 방법 없다! CRAZY LEVEL을 달성할 때까지 **미친 듯이 리피트!**

1. 공원이 있나요?
   park   is
2. 버스 정류장이 있나요?
   bus stop
3. 전철역이 있나요?
   subway station
4. 뭐 잘못된 것이 있나요?
   anythinh wrong
5. 우체국이 있나요?
6. 방이 있나요?
7. 다리가 있나요?
   bridge
8. 일식집이 있나요?
   Japanese restaurant
9. ATM이 있나요?
10. 복장규정이 있나요?
    dress code
11. 소년이 있나요?
12. 주차장이 있나요?
    parking lot
13. 창측 좌석이 있나요?
    window seat
14. 시장이 있나요?
    market
15. 추가요금이 있나요?
    extra charge
16. 주유소가 있나요?
    gas station
17. 뭐든 당신이 원하는 게 있나요?
    anything   want
18. 누구든 나를 도와줄 수 있는 사람이 있나요?
    anybody   help
19. 다른 질문들이 있나요?
    any   question
20. 누구 한국말을 하는 사람들이 있나요?
    any Korean speaker

GRAMMAR TEST

075 Do you 너 ~하니?

일단 외워 *do you know*

1. Do you + 〈동사〉: 당신은 〈동사〉합니까?
2. 상대방이 〈동사〉할 것인지 묻는 가장 기본적인 의문문이다.
3. 상대방이 습관적으로 〈동사〉하는지 묻는 경우에도 쓰인다.

EXAMPLE

1. Do you go?
   너 ~하니?
2. Do you eat?
   먹다
3. Do you want?
4. Do you like?
5. Do you have?
   가지고 있다
6. Do you know?
7. Do you mind?
   언짢아하다
8. Do you close?
9. Do you open?
10. Do you need?
11. Do you read?
12. Do you ask?
13. Do you think?
14. Do you prefer?
    선호하다
15. Do you buy?
16. Do you agree?
    동의하다
17. Do you hear?
    듣다, 들리다
18. Do you remember?
    기억하다
19. Do you smoke?
20. Do you drink?

SPEAKING TEST

 Joking me?  Good Job  CRAZY!

일단 외워 눈으로만 보면 입으로 발음할 수 없고, 발음할 수 없으면 빨리 읽을 수 없다!
1. 빠르건 느리건 창피해하지 말고 일단 무조건 **큰 소리**로 내뱉어 혀를 풀자!
2. 조금이라도 꼬이는 문장은 입에서 자연스럽게 나올 때까지 **10번 이상 반복**하자!
3. 반복 외엔 방법 없다! CRAZY LEVEL을 달성할 때까지 **미친 듯이 리피트!**

1. 너는 가니?
   do you? go
2. 너는 먹니?
   eat
3. 너는 원하니?
   want
4. 너는 좋아하니?
   like
5. 너는 가지고 있니?
   have
6. 너는 아니?
   know
7. 너는 언짢아하니?
   mind
8. 너는 문 닫니?
   close
9. 너는 문 여니?
   open
10. 너는 필요로하니?
    need
11. 너는 읽니?
    read
12. 너는 질문하니?
    ask
13. 너는 생각하니?
    think
14. 너는 선호하니?
    prefer
15. 너는 사니?
    live
16. 너는 동의하니?
    agree
17. 너는 들리니?
    hear
18. 너는 기억하니?
    remember
19. 너는 흡연하니?
    smoke
20. 너는 마시니?
    drink

171

GRAMMAR TEST

076 Can I 나 ~해도 돼?

일단 외워 *Can I help you*

1. 가능 조동사 can이 쓰였지만 I와 함께 쓰이면 허가를 〈요구〉하는 표현이 된다.
2. Can을 May로 바꾸면 좀 더 정중한 〈부탁〉이 된다.
3. 해석은 ~해도 돼? ~할 수 있을까? 정도가 된다.

EXAMPLE

1. Can I ask?
   질문하다
2. Can I go?
3. Can I stay?
   머무르다
4. Can I borrow?
   빌리다
5. Can I speak?
   이야기하다
6. Can I see?
7. Can I change?
8. Can I have?
   가지다, 먹다
9. Can I try?
   해보다
10. Can I use?
11. Can I come?
12. Can I pay?
    지불하다
13. Can I buy?
14. Can I help?
15. Can I smoke?
    흡연하다
16. Can I call?
    전화하다
17. Can I eat?
18. Can I sit?
19. Can I open?
20. Can I close?

SPEAKING TEST

 Joking me?  Good Job  CRAZY!

일단 외워 눈으로만 보면 입으로 발음할 수 없고, 발음할 수 없으면 빨리 읽을 수 없다!

1. 빠르건 느리건 창피해하지 말고 일단 무조건 **큰 소리**로 내뱉어 혀를 풀자!
2. 조금이라도 꼬이는 문장은 입에서 자연스럽게 나올 때까지 **10번 이상 반복**하자!
3. 반복 외엔 방법 없다! CRAZY LEVEL을 달성할 때까지 **미친 듯이 리피트**!

1. 나 질문해도 돼? ask
2. 나 가도 돼? go
3. 나 머물러도 돼? stay
4. 나 빌려도 돼? borrow
5. 나 말해도 돼? speak
6. 나 봐도 돼? see
7. 나 바꿔도 돼? change
8. 나 가져도 돼? have
9. 나 해봐도 돼? try
10. 나 사용해도 돼? use
11. 나 와도 돼? come
12. 나 지불해도 돼? pay
13. 나 줘도 돼? give
14. 나 도와도 돼? help
15. 나 흡연해도 돼? smoke
16. 나 전화해도 돼? call
17. 나 먹어도 돼? eat
18. 나 앉아도 돼? sit
19. 나 열어도 돼? open
20. 나 닫아도 돼? close

GRAMMAR TEST

077 May I 저 ~해도 되겠습니까?

May I help you
1. 허가를 〈부탁〉하는 정중한 표현이다.
2. May를 Can으로 바꾸면 좀 더 친근한 사이에서 쓰는 〈요구〉가 된다.
3. 처음 보는 사이, 서비스 응대 등에서 사용되는 격식 있는 말투이다.

EXAMPLE

1. May I ask?
   질문하다
2. May I call?
   ~해도 될까요? 전화하다
3. May I help?
4. May I have?
   가지다, 먹다
5. May I check?
   점검하다
6. May I see?
7. May I speak?
8. May I borrow?
9. May I use?
10. May I look around?
    둘러보다
11. May I go?
12. May I show?
13. May I sit?
14. May I open?
15. May I smoke?
16. May I pay?
17. May I copy?
    복사하다
18. May I make reservation?
    만들다   예약 = 예약하다
19. May I confirm?
    확인하다
20. May I offer?
    제공하다

SPEAKING TEST

 Joking me?  Good Job  CRAZY!

일단 외워 눈으로만 보면 입으로 발음할 수 없고, 발음할 수 없으면 빨리 읽을 수 없다!

1. 빠르건 느리건 창피해하지 말고 일단 무조건 **큰 소리**로 내뱉어 혀를 풀자!
2. 조금이라도 꼬이는 문장은 입에서 자연스럽게 나올 때까지 **10번 이상 반복**하자!
3. 반복 외엔 방업 없다! CRAZY LEVEL을 달성할 때까지 **미친 듯이 리피트!**

1	제가 질문해도 될까요?	ask
2	제가 전화해도 될까요?	call
3	제가 도와도 될까요?	help
4	제가 가져도 될까요?	have
5	제가 체크해도 될까요?	check
6	제가 봐도 될까요?	see
7	제가 말해도 될까요?	speak
8	제가 빌려도 될까요?	borrow
9	제가 사용해도 될까요?	use
10	제가 둘러봐도 될까요?	look around
11	제가 가도 될까요?	go
12	제가 보여줘도 될까요?	show
13	제가 앉아도 될까요?	sit
14	제가 열어도 될까요?	open
15	제가 흡연해도 될까요?	smoke
16	제가 지불해도 될까요?	pay
17	제가 복사해도 될까요?	copy
18	제가 예약해도 될까요?	make reservation
19	제가 확인해도 될까요?	confirm
20	제가 제공해도 될까요?	offer

GRAMMAR TEST

078 Can you ~해줄래?

일단 외워 *Can you help me*

1. 가능 조동사 can이 쓰였지만 you와 함께 쓰이면 상대의 행동을 〈요구〉하는 표현이 된다.
2. Can을 Could로 바꾸면 좀 더 정중한 〈부탁〉이 된다.
3. 해석은 ~해줄래? ~할 수 있니? 중 자연스러운 것으로 한다.

EXAMPLE

1. Can you tell me?
   나에게 말해주다
2. Can you open the door?
3. Can you help me?
4. Can you lend me?
   빌려주다
5. Can you show me?
   보여주다
6. Can you let me know?
   나를 ~하게 하다
7. Can you advise me?
   충고하다
8. Can you drive me?
   태워다주다
9. Can you find?
10. Can you press?
    누르다
11. Can you bring?
    가져오다
12. Can you pass me?
    나에게 넘겨주다
13. Can you write?
14. Can you change?
15. Can you send?
    보내다
16. Can you stop?
17. Can you explain?
18. Can you recommend?
    추천하다
19. Can you hurry up?
    서두르다
20. Can you give me?
    나에게 주다

SPEAKING TEST

일단 외워 눈으로만 보면 입으로 발음할 수 없고, 발음할 수 없으면 빨리 읽을 수 없다!
1. 빠르건 느리건 창피해하지 말고 일단 무조건 **큰 소리**로 내뱉어 혀를 풀자!
2. 조금이라도 꼬이는 문장은 입에서 자연스럽게 나올 때까지 **10번 이상 반복**하자!
3. 반복 외엔 방법 없다! CRAZY LEVEL을 달성할 때까지 **미친 듯이 리피트!**

1. 나한테 말해줄 수 있니? 말해줄래?
   tell
2. 문을 열어줄 수 있니? 열어줄래?
   open
3. 나를 도와줄 수 있니? 도와줄래?
   help
4. 나에게 빌려줄 수 있니? 빌려줄래?
   lend
5. 나에게 보여줄 수 있니? 보여줄래?
   show
6. 나를 알게 해줄 수 있니? 알려줄래?
   let me know
7. 나를 조언해줄 수 있니? 조언해줄래?
   advise
8. 나를 태워줄 수 있니? 태워줄래?
   drive
9. 찾을 수 있니? 찾아줄래?
   find
10. 누를 수 있니? 눌러줄래?
    press
11. 가져올 수 있니? 가져올래?
    bring
12. 나에게 넘겨줄 수 있니? 넘겨줄래?
    pass
13. 쓸 수 있니? 써줄래?
    write
14. 바꿀 수 있니? 바꿔줄래?
    change
15. 보낼 수 있니? 보내줄래?
    send
16. 멈출 수 있니? 멈춰줄래?
    stop
17. 설명할 수 있니? 설명해줄래?
    explain
18. 추천할 수 있니? 추천해줄래?
    recommend
19. 서두를 수 있니? 서둘러줄래?
    hurry
20. 나에게 줄 수 있니? 나에게 줄래?
    give

GRAMMAR TEST

079 You cannot ~하면 안 돼

일단 외워 *you can't do that*

1. You + cannot + 동사 : 〈동사〉하면 안 돼, 〈동사〉할 수 없어.
2. 상대의 행동을 강력하게 만류하는 표현이다.
3. cannot = can't

EXAMPLE

1. You cannot eat
   먹을 수 없어(먹으면 안 돼)
2. You cannot cross
   건널 수 없어(건너면 안 돼)
3. You cannot access
   접근할 수 없어(접근하면 안 돼)
4. You cannot try
   시도할 수 없어(시도하면 안 돼)
5. You cannot change
   바꿀 수 없어(바꾸면 안 돼)
6. You cannot trust
   신뢰할 수 없어(신뢰하면 안 돼)
7. You cannot go out
   외출할 수 없어(외출하면 안 돼)
8. You cannot have
   가질 수 없어(가지면 안 돼)
9. You cannot tell
   말할 수 없어(말하면 안 돼)
10. You cannot do that
    그렇게 할 수 없어(그러면 안 돼)
11. You can't take picture
    사진을 찍을 수 없어(찍으면 안 돼)
12. You can't drink
    마실 수 없어(마시면 안 돼)
13. You can't give up
    포기할 수 없어(포기하면 안 돼)
14. You can't use
    사용할 수 없어(사용하면 안 돼)
15. You can't stop
    멈출 수 없어(멈추면 안 돼)
16. You can't sit
    앉을 수 없어(앉으면 안 돼)
17. You can't touch
    만질 수 없어(만지면 안 돼)
18. You can't enter
    입장할 수 없어(입장하면 안 돼)
19. You can't park
    주차할 수 없어(주차하면 안 돼)
20. You can't go
    갈 수 없어(가면 안 돼)

SPEAKING TEST

Joking me?

Good Job

CRAZY!

일단 외워 눈으로만 보면 입으로 발음할 수 없고, 발음할 수 없으면 빨리 읽을 수 없다!

1. 빠르건 느리건 창피해하지 말고 일단 무조건 **큰 소리**로 내뱉어 혀를 풀자!
2. 조금이라도 꼬이는 문장은 입에서 자연스럽게 나올 때까지 **10번 이상 반복**하자!
3. 반복 외엔 방법 없다! CRAZY LEVEL을 달성할 때까지 **미친 듯이 리피트!**

1. 너는 먹으면 안 돼
   eat
2. 너는 건너면 안 돼
   cross
3. 너는 접속하면 안 돼
   access
4. 너는 시도하면 안 돼
   try
5. 너는 바꾸면 안 돼
   change
6. 너는 신뢰하면 안 돼
   trust
7. 너는 외출하면 안 돼
   go out
8. 너는 가지면 안 돼
   have
9. 너는 말해주면 안 돼
   tell
10. 너는 하면 안 돼
    do
11. 사진 찍으면 안 돼
    take
12. 마시면 안 돼
    drink
13. 포기하면 안 돼
    give up
14. 사용하면 안 돼
    use
15. 멈추면 안 돼
    stop
16. 앉으면 안 돼
    sit
17. 손 대면 안 돼
    touch
18. 들어가면 안 돼
    enter
19. 주차하면 안 돼
    park
20. 가면 안 돼
    go

GRAMMAR TEST

080 Where can I 어디서 내가 ~할 수 있니?

일단 외워 *where can I meet you*

1. Where + can I + 동사 : 어디서 내가 〈동사〉할 수 있는가?
2. 가능 조동사 can이 쓰였으므로 동사원형을 쓴다.
3. 빈번히 사용되는 패턴이므로 익숙해질 때까지 반복한다.

EXAMPLE

1 Where can I board?
   어디서   탑승하다
2 Where can I find?
                 나는 찾을 수 있는가
3 Where can I buy?
4 Where can I change?
5 Where can I meet?
6 Where can I book?
                 예약하다(영국)
7 Where can I get?
                얻다
8 Where can I put?
                놓다
9 Where can I wash?
10 Where can I park?
                주차하다
11 Where can I rent?
                임대하다
12 Where can I check out?
                    체크아웃하다
13 Where can I exchange?
                   환전하다
14 Where can I charge?
                  충전하다
15 Could you tell me where I can repair?
   Can의 정중형   ~하는 곳   내가 수리할 수 있는
16 Could you tell me where I can try on?
        나에게 말해줄 수 있니?   입어보다
17 Could you tell me where I can use?
18 Could you tell me where I can read?
19 Could you tell me where I can pick you up?
                                    너를 픽업하다, 태우다
20 Could you tell me where I can leave?
                                    맡기다, 두다

SPEAKING TEST

 Joking me?  Good Job  CRAZY!

일단 외워 눈으로만 보면 입으로 발음할 수 없고, 발음할 수 없으면 빨리 읽을 수 없다!

1. 빠르건 느리건 창피해하지 말고 일단 무조건 **큰 소리**로 내뱉어 혀를 풀자!
2. 조금이라도 꼬이는 문장은 입에서 자연스럽게 나올 때까지 **10번 이상 반복**하자!
3. 반복 외엔 방법 없다! CRAZY LEVEL을 달성할 때까지 **미친 듯이 리피트!**

1. 어디서 내가 탑승할 수 있니?
   board
2. 어디서 내가 찾을 수 있니?
   find
3. 어디서 내가 구입할 수 있니?
   buy
4. 어디서 내가 바꿀 수 있니?
   change
5. 어디서 내가 만날 수 있니?
   meet
6. 어디서 내가 예약할 수 있니?
   book
7. 어디서 내가 얻을 수 있니?
   get
8. 어디서 내가 놓을 수 있니?
   put
9. 어디서 내가 씻을 수 있니?
   wash
10. 어디서 내가 주차할 수 있니?
    park
11. 어디서 내가 임대할 수 있니?
    rent
12. 어디서 내가 체크아웃할 수 있니?
    check out
13. 어디서 내가 환전할 수 있니?
    exchange
14. 어디서 내가 충전할 수 있니?
    charge
15. 말해줄 수 있니? 내가 수리할 수 있는 곳을.
    can you tell me   I   repair   can   where
16. 말해줄 수 있니? 내가 입어볼 수 있는 곳을.
    try on
17. 말해줄 수 있니? 내가 사용할 수 있는 곳을.
    use
18. 말해줄 수 있니? 내가 읽을 수 있는 곳을.
    read
19. 말해줄 수 있니? 너를 픽업할 수 있는 곳을.
    pick up
20. 말해줄 수 있니? 내가 맡길 수 있는 곳을.
    leave

GRAMMAR TEST

081 How can I 어떻게 내가 ~할 수 있니?

일단 외워 *how can I help you*
1. How + can I + 동사 : 어떻게 내가 〈동사〉할 수 있는가?
2. 조동사 can이 쓰였으므로 동사원형을 쓴다.
3. 낯선 환경에서 방법을 묻는 질문이므로 익숙해질 때까지 반복한다.

EXAMPLE

1. How can I help?
2. How can I find?
3. How can I learn?
4. How can I get there?
5. How can I get to the City Hall?
6. How can I get a good job?
7. How can I find the place?
8. How can I copy?
9. How can I change?
10. How can I get them?
11. How can I become?
12. How can I draw my money?
13. How can I make?
14. How can I thank you?
15. How can I access?
16. How can I cancel?
17. How can I know?
18. How can I control?
19. How can I turn on?
20. How can I turn off?

SPEAKING TEST

 Joking me?  Good Job  CRAZY!

일단 외워 눈으로만 보면 입으로 발음할 수 없고, 발음할 수 없으면 빨리 읽을 수 없다!
1. 빠르건 느리건 창피해하지 말고 일단 무조건 **큰 소리**로 내뱉어 혀를 풀자!
2. 조금이라도 꼬이는 문장은 입에서 자연스럽게 나올 때까지 **10번 이상 반복**하자!
3. 반복 외엔 방법 없다! CRAZY LEVEL을 달성할 때까지 **미친 듯이 리피트!**

1. 어떻게 내가 도울 수 있나요? (How I help can)
2. 어떻게 내가 찾을 수 있나요? (find)
3. 어떻게 내가 배울 수 있나요? (learn)
4. 어떻게 내가 거기 도착할 수 있나요? (get there)
5. 어떻게 내가 시청에 도착할 수 있나요? (to get)
6. 어떻게 내가 좋은 직업을 얻을 수 있나요? (get)
7. 어떻게 내가 그 장소를 찾을 수 있나요? (the place)
8. 어떻게 내가 복사할 수 있나요? (copy)
9. 어떻게 내가 바꿀 수 있나요? (change)
10. 어떻게 내가 그것들을 얻을 수 있나요? (them get)
11. 어떻게 내가 될 수 있나요? (become)
12. 어떻게 내가 내 돈을 인출할 수 있나요? (draw)
13. 어떻게 내가 만들 수 있나요? (make)
14. 어떻게 내가 당신에게 감사할 수 있나요? (thank you)
15. 어떻게 내가 접근(접속)할 수 있나요? (access)
16. 어떻게 내가 취소할 수 있나요? (cancel)
17. 어떻게 내가 알 수 있나요? (know)
18. 어떻게 내가 조종할 수 있나요? (control)
19. 어떻게 내가 켤 수 있나요? (turn on)
20. 어떻게 내가 끌 수 있나요? (turn off)

GRAMMAR TEST

082 How many 얼마나 많은

일단 외워 *how many books, how much coffee*

1. How many + 가산명사의 복수형 : 얼마나 많은 개수의 〈명사〉들
2. How much + 불가산명사 : 얼마나 많은 양의 〈명사〉
3. How many + 명사 + do you want? : 얼마나 많은 〈명사〉를 + 당신은 원합니까?

EXAMPLE

1. How many people?
   + 가산명사 복수형
2. How many days?
3. How many students?
4. How many words?
5. How many cars?
6. How many rooms?
7. How many books?
8. How many stars?
9. How many languages?
10. How many do you have?
    얼마나 많이   너는 가졌니?
11. How many do you want?
12. How much time?
    + 불가산명사
13. How much money?
14. How much coffee?
15. How much rent?
16. How much water?
17. How much cash?
18. How much gasoline?
19. How much do you have?
20. How much do you want?

184

SPEAKING TEST

일단 외워 눈으로만 보면 입으로 발음할 수 없고, 발음할 수 없으면 빨리 읽을 수 없다!
1. 빠르건 느리건 창피해하지 말고 일단 무조건 **큰 소리**로 내뱉어 혀를 풀자!
2. 조금이라도 꼬이는 문장은 입에서 자연스럽게 나올 때까지 **10번 이상 반복**하자!
3. 반복 외엔 방법 없다! CRAZY LEVEL을 달성할 때까지 **미친 듯이 리피트!**

1. 얼마나 많은 사람들?
   people
2. 얼마나 많은 날들?
   days
3. 얼마나 많은 학생들?
   students
4. 얼마나 많은 단어들?
   words
5. 얼마나 많은 자동차들?
   cars
6. 얼마나 많은 방들?
   rooms
7. 얼마나 많은 책들?
   books
8. 얼마나 많은 별들?
   stars
9. 얼마나 많은 언어들?
   languages
10. 얼마나 많이 너는 가지고 있니?
    do you have
11. 얼마나 많이 너는 원하니?
    want
12. 얼마나 많은 시간?
    time
13. 얼마나 많은 돈?
    money
14. 얼마나 많은 커피?
    coffee
15. 얼마나 많은 임대료?
    rent
16. 얼마나 많은 물?
    water
17. 얼마나 많은 현금?
    cash
18. 얼마나 많은 휘발유?
    gasoline
19. 얼마나 많이 너는 가지고 있니?
    much
20. 얼마나 많이 너는 원하니?
    much

GRAMMAR TEST

083 How long? / far? / often? 얼마나 ~하니?

일단 외워 how long, how far, how often, how old
1. How + 형용사 : 얼마나 〈형용사〉합니까?
2. 시간, 거리, 명암, 무게, 면적 등을 물을 때 비인칭주어 it과 함께 빈번히 사용된다.
3. 일상적인 대화에서 자주 사용되므로 여러 번 반복하여 익숙해지도록 한다.

EXAMPLE

1. How long is it? _{비인칭주어}
2. How long does it take? _{해석하지 않는다}
3. How long will you stay?
4. How long were you in Paris? _{도시}
5. How long did you study?
6. How far is it? _{해석하지 않는다}
7. How far is the airport?
8. How far is it to Berkshire? _{~까지 버크셔}
9. How far is your house?
10. How far is it by train? _{교통수단}
11. How often do you drink? _{얼마나 자주 너는 ~하니?}
12. How often do you travel? _{여행하다}
13. How often do you exercise? _{운동하다}
14. How often does he drink? _{3단현s}
15. How often is The Times issued? _{발행되다}
16. How old are you? _{얼마나 늙었니}
17. How old is he?
18. How old is the house?
19. How old is your younger sister?
20. How old is the earth?

SPEAKING TEST

일단 외워 눈으로만 보면 입으로 발음할 수 없고, 발음할 수 없으면 빨리 읽을 수 없다!
1. 빠르건 느리건 창피해하지 말고 일단 무조건 **큰 소리**로 내뱉어 혀를 풀자!
2. 조금이라도 꼬이는 문장은 입에서 자연스럽게 나올 때까지 **10번 이상 반복**하자!
3. 반복 외엔 방법 없다! CRAZY LEVEL을 달성할 때까지 **미친 듯이 리피트!**

1. 얼마나 기니?
   _{long}
2. 얼마나 오래 걸리니?
   _{take}
3. 얼마나 오래 너는 머물 거니?
   _{stay}
4. 얼마나 오래 너는 있었니? 파리에.
   _{be} _{in Paris}
5. 얼마나 오래 너는 공부했니?
   _{study}
6. 얼마나 머니?
   _{far}
7. 얼마나 머니? 공항은.
   _{airport}
8. 얼마나 머니? 버크셔까지.
   _{to Berkshire}
9. 얼마나 머니? 너의 집은.
   _{house}
10. 얼마나 머니? 기차로.
    _{by}
11. 얼마나 자주 너는 마시니?
    _{often}
12. 얼마나 자주 너는 여행하니?
    _{travel}
13. 얼마나 자주 너는 운동하니?
    _{exercise}
14. 얼마나 자주 그는 마시니?
15. 얼마나 자주 더타임지는 발행되니?
    _{issue}
16. 얼마나 나이들었니? 너는?
    _{old}
17. 얼마나 나이들었니? 그는?
18. 얼마나 나이들었니? 그 집은?
19. 얼마나 나이들었니? 너의 여동생은?
20. 얼마나 나이들었니? 지구는?
    _{the earth}

GRAMMAR TEST

084 how about ~는 어때?

일단 외워 *how about you*

1. how about + 명사 : 〈명사〉에 대해 어떻게 생각해?
2. 상대방에게 넌지시 의견을 제시하거나 권유하는 표현이다.
3. 빈번히 쓰이는 표현이므로 익숙해질 때까지 반복한다.

EXAMPLE

1. How about 2 o'clock?
   how do you think about(~에 대해 어떻게 생각해?)
2. How about next week?
   다음주 어때?
3. How about the same time tomorrow?
   같은 시간   내일
4. How about tonight?
5. How about this?
   이건 어때?
6. How about Korean food?
7. How about a cup of coffee?
   커피 한잔 어때?
8. How about another cup of coffee?
   커피 한 잔 더 어때?
9. How about a drink?
   한잔(맥주 등)
10. How about your new school?
    새 학교는 어때?
11. How about dinner?
    저녁 먹는 건 어때?
12. How about watching TV?
    TV 시청하는 건
13. How about eating?
    먹는 건
14. How about coming?
    오는 건
15. How about going out?
    외출하는 건
16. How about asking?
    물어보는 건
17. How about buying?
    사는 건
18. How about sitting?
    앉는 건
19. How about if I meet you?
    내가 너를 만나는 건
20. How about you?
    너는 어때? 어떻게 생각해?

SPEAKING TEST

일단 외워 눈으로만 보면 입으로 발음할 수 없고, 발음할 수 없으면 빨리 읽을 수 없다!

1. 빠르건 느리건 창피해하지 말고 일단 무조건 **큰 소리**로 내뱉어 혀를 풀자!
2. 조금이라도 꼬이는 문장은 입에서 자연스럽게 나올 때까지 **10번 이상 반복**하자!
3. 반복 외엔 방법 없다! CRAZY LEVEL을 달성할 때까지 **미친 듯이 리피트!**

1. 2시는 어때?
2. 다음주는 어때?
3. 내일, 같은 시간은 어때? (same time)
4. 오늘밤은 어때?
5. 이건 어때?
6. 한국음식은 어때?
7. 커피 한 잔 어때? (a cup)
8. 또 다른 커피 한 잔 어때? (another / a cup)
9. 한잔 어때?
10. 너의 새 학교는 어때?
11. 저녁식사 어때? (dinner)
12. TV 보는 건 어때? (watch)
13. 먹는 건 어때?
14. 오는 건 어때?
15. 외출하는 건 어때?
16. 질문하는 건 어때?
17. 사는 건 어때? (buy)
18. 앉는 건 어때?
19. 내가 너를 만나는 건 어때?
20. 너는 어때?

GRAMMAR TEST

085 How was ~는 어땠니?

일단 외워 *how was your date*

1. How+ was + 명사 : 〈명사〉에 대한 경험, 소감을 묻는 질문.
2. 사람에 대해 물을 때는 항상 is, are 등 be동사의 현재형을 쓴다.
3. 일상생활에서 빈번히 쓰이므로 익숙해질 때까지 반복한다.

EXAMPLE

1. How was your trip?
   어땠니?(과거 경험의 평가)
2. How was your date?
   데이트
3. How was your flight?
   비행(여행)
4. How was your stay?
   체류(명사)
5. How was your vacation?
   휴가
6. How was your grades?
   학점
7. How was the dinner?
   저녁식사는 어땠니?
8. How was the party?
9. How was the weather in Boston?
   장소
10. How was the traffic?
    교통
11. How was your TOEIC exam?
    시험
12. How was that new movie?
13. How was the football game?
    풋볼(미식축구)
14. How was the girl?
    그 여자애
15. How was the restaurant?
    식당
16. How is your study?
    ~는 어때?(진행상태)
17. How is the weather in North Wales?
    노스웨일즈
18. How is the stock market today?
    주식시장   오늘(시간)
19. How is your mother?
    살아 있는 사람의 안부를 물을 땐 항상 현재
20. How are your parents?
    부모님은 어떠셔?

SPEAKING TEST

 Joking me?  Good Job  CRAZY!

일단 외워 눈으로만 보면 입으로 발음할 수 없고, 발음할 수 없으면 빨리 읽을 수 없다!
1. 빠르건 느리건 창피해하지 말고 일단 무조건 **큰 소리**로 내뱉어 혀를 풀자!
2. 조금이라도 꼬이는 문장은 입에서 자연스럽게 나올 때까지 **10번 이상 반복**하자!
3. 반복 외엔 방법 없다! CRAZY LEVEL을 달성할 때까지 **미친 듯이 리피트!**

1. 어땠니? 너의 여행?
   trip
2. 어땠니? 너의 데이트?
3. 어땠니? 너의 비행?
   flight
4. 어땠니 너의 체류?
   stay
5. 어땠니? 너의 휴가?
   vacation
6. 어땠니? 너의 학점?
   grades
7. 어땠니? 저녁식사?
   dinner
8. 어땠니? 파티?
9. 어땠니? 날씨는? 보스톤 안에서?
   weather   in
10. 어땠니? 교통은?
    traffic
11. 어땠니? 너의 토익 시험은?
    exam
12. 어땠니? 그 새 영화는?
13. 어땠니? 그 풋볼 경기는?
    game
14. 어땠니? 그 여자애?
    girl
15. 어땠니? 그 식당?
    restaurant
16. 어떠니? 너의 공부는?
    study
17. 어떠니? 날씨는? 노스웨일즈에서.
    North Wales
18. 어떠니? 주식시장은? 오늘
    stock market
19. 어떠시니? 너의 엄마는.
20. 어떠시니? 너의 부모님들은?

GRAMMAR TEST

086 I heard ~라고 들었다

일단 외워 *I heard that you are a doctor*

1. heard + 내용 : 〈내용〉이라고 들었다.
2. 떠도는 소문, 확실하지 않은 사항에 대한 표현이다.
3. hear는 내 의도와 상관없이 일부러 들으려 하지 않는데도 들린다는 의미이다.

EXAMPLE

1 I heard that you are a doctor
   나는 들었다   너는 의사라고
2 I heard that you wanted to stay in Washington
                              머물고 싶어 했다
3 I heard that he is a teacher
   그 남자 선생님이라던데.
4 I heard that he is going to America
5 I heard that she graduated from Oxford University
                       ~를 졸업하다   옥스포드 대학교
6 I heard that she died 2 years ago
                         죽었다   2년 전에
7 I heard you were an exellent player
         that   훌륭한   선수
8 I heard you were a firefighter
                         소방관
9 I heard you called
    니가   전화했다고
10 I heard you looked for me
                  찾았다
11 I heard the movie is terrible
                       형편없는
12 I heard the party is at 9
                         시간
13 I heard you are going away
                          멀리
14 I heard you were in Spain
15 I heard you are sick
16 I heard the rain falling
              비가 떨어지는 소리
17 I heard the dog barking
              개가 짖는 소리
18 I heard the bell ringing
              벨이 울리는 소리
19 I heard your heart beating
              니 심장이 뛰는 소리
20 I heard somebody knocking at the door
            누군가   두드리는 소리   문을

SPEAKING TEST

일단 외워 눈으로만 보면 입으로 발음할 수 없고, 발음할 수 없으면 빨리 읽을 수 없다!
1. 빠르건 느리건 창피해하지 말고 일단 무조건 **큰 소리**로 내뱉어 혀를 풀자!
2. 조금이라도 꼬이는 문장은 입에서 자연스럽게 나올 때까지 **10번 이상 반복**하자!
3. 반복 외엔 방법 없다! CRAZY LEVEL을 달성할 때까지 **미친 듯이 리피트!**

1. 나는 들었다, 너는 의사라고.
2. 나는 들었다, 너는 워싱턴에 머무르고 싶어했다고.
   want to stay
3. 나는 들었다, 그는 선생님이라고.
4. 나는 들었다, 그는 미국에 갈 거라고.
5. 나는 들었다, 그녀는 옥스포드 대학을 졸업했다고.
   from
6. 나는 들었다, 그녀는 2년 전에 죽었다고.
   ago
7. 나는 들었다, 너는 훌륭한 선수라고.
   exellent
8. 나는 들었다, 너는 소방관이라고.
   firefighter
9. 나는 들었다, 니가 전화했다고.
   call
10. 나는 들었다, 니가 나를 찾았었다고.
    look for
11. 나는 들었다, 그 영화는 형편없다고.
    terrible
12. 나는 들었다, 파티는 9시에 있다고.
    _at   is_
13. 나는 들었다, 너는 가버릴 거라고.
    go away
14. 나는 들었다, 너는 스페인에 있었다고.
15. 나는 들었다, 너는 아프다고.
16. 나는 들었다, 비가 내리는 것을.
    fall
17. 나는 들었다, 개가 짓는 것을.
    bark
18. 나는 들었다, 벨이 울리는 것을.
    ring
19. 나는 들었다, 너의 심장이 뛰는 것을.
    beat
20. 나는 들었다, 누군가 문을 노크하는 것을.
    knock at

GRAMMAR TEST

087 I've ever seen 여태껏 봤던 중에

일단 외워   *the best movie I have ever seen*

1. I have(I've) + ever + 동사 과거분사 : 지금껏 〈동사〉해왔던 경험 중에서
2. 형용사의 최상급과 함께 쓰이는 경우가 많다.
3. 놀라움을 표현할 때 빈번히 쓰이므로 익숙해질 때까지 반복한다.

EXAMPLE

1. This is the best movie I've ever seen
   지금껏 내가 봤던
2. He is the most handsome man I've ever met
   (2음절 이상 형용사의 최상급)   지금껏 내가 만났던
3. Brad Pitt is the most famous person I've ever met
4. This is the best novel I've ever read
   read의 과거분사
5. She is the most beautiful girl I've ever seen
   가장 아름다운 소녀
6. She is the best friend I've ever met
7. That is the stupidest idea I've ever heard
   가장 바보 같은 아이디어   지금껏 내가 들었던
8. Bronx is the most dangerous place I've ever lived
   브롱크스   위험한   곳   지금껏 내가 살았던
9. He is the funniest guy I've ever known
   녀석   지금껏 내가 알았던
10. This French toast is the best I've ever tasted
    지금껏 내가 맛봤던 중
11. This is the most incredible thing I've ever done
    믿을 수 없는   지금껏 내가 했던
12. That was the finest sausage I've ever eaten
    가장 훌륭한   소시지   먹었던
13. The most romantic place I've ever been is London
    지금껏 내가 가본 곳 중
14. He was the most talented man I've ever known
    재능 있는
15. You are the most perfect man I've ever known
    가장 완벽한
16. This is the first time I've ever experienced
    이게 처음이야   지금껏   경험했던
17. It was unlike anything I've ever experienced
    ~와 다르다   어느 것과
18. This is the best hotel I've ever stayed
    내가 머물렀던 호텔 중에서
19. The iPhone is the best mobile I've ever owned
    휴대전화   내가 소유했던
20. This is the best apple pie I've ever had
    내가 먹었던 중에서

SPEAKING TEST

> **일단 외워** 눈으로만 보면 입으로 발음할 수 없고, 발음할 수 없으면 빨리 읽을 수 없다!
> 1. 빠르건 느리건 창피해하지 말고 일단 무조건 **큰 소리**로 내뱉어 혀를 풀자!
> 2. 조금이라도 꼬이는 문장은 입에서 자연스럽게 나올 때까지 **10번 이상 반복**하자!
> 3. 반복 외엔 방법 없다! CRAZY LEVEL을 달성할 때까지 **미친 듯이 리피트!**

1. 이것은 최고의 영화다, 내가 봤던.
   _{the best}
2. 그는 가장 잘생긴 남자다, 내가 만났던.
   _{handsome}
3. 브래드 피트는 가장 유명한 사람이다, 내가 만났던.
   _{famous}
4. 이건 최고의 소설이다, 내가 읽었던.
   _{novel}
5. 그녀는 가장 예쁜 소녀다, 내가 봤던.
   _{beautiful}
6. 그녀는 최고의 친구다, 내가 만났던.
7. 그건 가장 바보 같은 아이디어다, 내가 들었던.
   _{stupid}
8. 브롱스는 가장 위험한 곳이다, 내가 살았던.
   _{Bronx   dangerous}
9. 그는 가장 웃긴 녀석이다, 내가 알았던.
   _{funny}
10. 이 프렌치토스트는 최고다, 내가 맛봤던.
    _{taste}
11. 이건 가장 놀라운 일이다, 내가 했던.
    _{incredible}
12. 그건 가장 최상급 소시지였다, 내가 먹었던.
    _{fine}
13. 가장 로맨틱한 장소는, 내가 가봤던, 런던이다.
    _{place   be}
14. 그는 가장 재능 있는 남자였다, 내가 아는 중.
    _{talent}
15. 너는 가장 완벽한 남자다, 내가 알았던.
    _{perfect}
16. 이것은 처음이다, 내가 경험했던 것 중.
    _{first time}
17. 그것은 그 무엇과도 달랐다, 내가 경험했던.
    _{unlike   experience}
18. 이것은 최고의 호텔이다, 내가 묵었던.
    _{stay}
19. 아이폰은 최고의 휴대폰이다, 내가 가졌던.
    _{mobile   own}
20. 이것은 최고의 사과파이다, 내가 먹었던.
    _{have}

GRAMMAR TEST

088　I would like to ~했으면 합니다

일단 외워　I'd like to go = I want to go

1. I + would like to + 동사 : 〈동사〉하고 싶습니다.
2. 매우 정중한 표현으로 아는 사이에서는 거의 쓰이지 않는다.
3. 처음 만난 사이나 비즈니스 상황에서 쓴다.

EXAMPLE

1　I would like to do
2　I would like to know
3　I would like to see
4　I would like to have
　　　먹다, 가지다
5　I would like to reserve
　　　예약하다
6　I would like to meet
7　I would like to go
8　I would like to watch
9　I would like to mail
　　　메일을 쓰다
10　I would like to leave
　　　~를 남기다
11　I'd like to speak
　　　I would의 축약형
12　I'd like to change
13　I'd like to ask
14　I'd like to visit
　　　방문하다
15　I'd like to buy
16　I'd like to book
　　　예약하다
17　I'd like to order
　　　주문하다
18　I'd like to have
19　I'd like to leave
　　　~을 남기다
20　I'd like to move
　　　옮기다

SPEAKING TEST

 Joking me?  Good Job  CRAZY!

일단 외워 눈으로만 보면 입으로 발음할 수 없고, 발음할 수 없으면 빨리 읽을 수 없다!
1. 빠르건 느리건 창피해하지 말고 일단 무조건 **큰 소리**로 내뱉어 혀를 풀자!
2. 조금이라도 꼬이는 문장은 입에서 자연스럽게 나올 때까지 **10번 이상 반복**하자!
3. 반복 외엔 방법 없다! CRAZY LEVEL을 달성할 때까지 **미친 듯이 리피트!**

1. 나는 하고 싶어요.
   do
2. 나는 알고 싶어요.
   know
3. 나는 보고 싶어요.
   see
4. 나는 갖고 싶어요.
   have
5. 나는 예약하고 싶어요.
   reserve
6. 나는 만나고 싶어요.
   meet
7. 나는 가고 싶어요.
   go
8. 나는 시청하고 싶어요.
   watch
9. 나는 메일을 보내고 싶어요.
   mail
10. 나는 떠나고 싶어요.
    leave
11. 나는 말하고 싶어요.
    speak
12. 나는 바꾸고 싶어요.
    change
13. 나는 질문하고 싶어요.
    ask
14. 나는 방문하고 싶어요.
    visit
15. 나는 사고 싶어요.
    buy
16. 나는 예약하고 싶어요.
    book
17. 나는 주문하고 싶어요.
    order
18. 나는 갖고 싶어요.
    have
19. 나는 남기고 싶어요.
    leave
20. 나는 옮기고 싶어요.
    move

GRAMMAR TEST

089 Would you mind ~해도 되겠습니까?

일단 외워 *would you mind if I smoke*

1. Would you mind + if I + 동사 : 제가 〈동사〉하면 언짢으실까요?
2. 상대방에게 정중하게 허락을 구하는 표현이다. 까까운 사이에는 'Can I'를 쓴다.
3. mind는 '꺼려하다, 언짢다'는 부정적 의미이므로 대답에 주의한다.

EXAMPLE

1. Would you mind if I close?
   당신은 언짢으실까요?
2. Would you mind if I open?
   언짢아하다
3. Would you mind if I ask?
   내가 질문한다면
4. Would you mind if I smoke?
   흡연하다
5. Would you mind if I wait?
6. Would you mind if I say?
7. Would you mind if I lean back?
   (등받이를)뒤로 젖히다
8. Would you mind if I borrow?
9. Would you mind if I call?
10. Would you mind if I sit?
11. Would you mind if I turn on?
    켜다
12. Would you mind if I stay?
13. Would you mind if I leave?
    남기다
14. Would you mind if I listen?
15. Would you mind if I join?
    참여하다
16. Would you mind if I take?
    (사진을)찍다
17. Would you mind if I use?
18. Would you mind if I drink?
19. Would you mind if I invite?
    초대하다
20. Would you mind if I turn off?
    끄다

MP3 89A

MP3 89B

MP3 89C

일단 외워 **눈으로만 보면 입으로 발음할 수 없고, 발음할 수 없으면 빨리 읽을 수 없다!**

1. 빠르건 느리건 창피해하지 말고 일단 무조건 **큰 소리**로 내뱉어 혀를 풀자!
2. 조금이라도 꼬이는 문장은 입에서 자연스럽게 나올 때까지 **10번 이상 반복**하자!
3. 반복 외엔 방업 없다! CRAZY LEVEL을 달성할 때까지 **미친 듯이 리피트!**

1 내가 닫으면 당신은 언짢으실까요? 물론 안 언짢습니다(Of course not).
if I close / mind

2 내가 열면 당신은 언짢으실까요? 전혀 안 언짢아요(Not at all).
open

3 내가 질문하면 당신은 언짢으실까요? 아뇨, 하세요(No, go ahead).
ask

4 내가 흡연하면 당신은 언짢으실까요? 미안하지만 언짢아요(I'm sorry but yes).
smoke

5 내가 기다리면 당신은 언짢으실까요? 물론 안 언짢습니다.
wait

6 내가 말하면 당신은 언짢으실까요? 전혀 안 언짢아요.
say

7 내가 뒤로 젖히면 당신은 언짢으실까요? 아뇨, 하세요.
lean back

8 내가 빌리면 당신은 언짢으실까요? 전혀 안 언짢아요.
borrow

9 내가 전화하면 당신은 언짢으실까요? 물론 안 언짢습니다.
call

10 내가 앉으면 당신은 언짢으실까요? 아뇨, 하세요.
sit

11 내가 켜면 당신은 언짢으실까요? 미안하지만 언짢아요.
turn on

12 내가 머물면 당신은 언짢으실까요? 전혀 안 언짢아요.
stay

13 내가 남기면 당신은 언짢으실까요? 물론 안 언짢습니다.
leave

14 내가 들으면 당신은 언짢으실까요? 물론 안 언짢습니다.
hear

15 내가 가입하면 당신은 언짢으실까요? 전혀 안 언짢아요.
join

16 내가 찍으면 당신은 언짢으실까요? 미안하지만 언짢아요.
take

17 내가 사용하면 당신은 언짢으실까요? 아뇨, 하세요.
use

18 내가 마시면 당신은 언짢으실까요? 전혀 안 언짢아요.
drink

19 내가 초대하면 당신은 언짢으실까요? 물론 안 언짢습니다.
invite

20 내가 끄면 당신은 언짢으실까요? 미안하지만 언짢아요.
turn off

GRAMMAR TEST

090 Shall we ~하실까요?

일단 외워 *shall we dance*

1. Shall we + 동사 : 〈동사〉하실까요?
2. 어떤 행동을 같이 할 것을 '권유'하는 정중한 표현이다.
3. 대개는 3단어의 조합으로 이루어지며 빈번히 사용되므로 익숙해질 때까지 반복한다.

EXAMPLE

1. Shall we dance?
   우리 할까요?   춤추다
2. Shall we meet?
3. Shall we go?
4. Shall we walk?
5. Shall we move?
   옮기다
6. Shall we eat?
7. Shall we take a break?
   휴식을 취하다
8. Shall we play basketball?
9. Shall we go out?
   외출하다
10. Shall we stop?
11. Shall we try?
    해보다
12. Shall we start?
13. Shall we continue?
    계속하다
14. Shall we talk?
15. Shall we drink?
16. Shall we make?
17. Shall we sit?
18. Shall we stay?
19. Shall we study?
20. Shall we order?
    주문하다

SPEAKING TEST

Joking me?　　　　Good Job　　　　CRAZY!

| 일단 외워 | 눈으로만 보면 입으로 발음할 수 없고, 발음할 수 없으면 빨리 읽을 수 없다! |

1. 빠르건 느리건 창피해하지 말고 일단 무조건 **큰 소리**로 내뱉어 혀를 풀자!
2. 조금이라도 꼬이는 문장은 입에서 자연스럽게 나올 때까지 **10번 이상 반복**하자!
3. 반복 외엔 방법 없다! CRAZY LEVEL을 달성할 때까지 **미친 듯이 리피트!**

1. 우리 춤출래요?
   _{dance}
2. 우리 만날래요?
3. 우리 갈래요?
   _{go}
4. 우리 걸을래요?
5. 우리 옮길래요?
   _{move}
6. 우리 먹을래요?
7. 우리 쉴래요?
   _{take a break}
8. 우리 농구할래요?
   _{play}
9. 우리 외출할래요?
10. 우리 멈출래요?
11. 우리 해볼래요?
    _{try}
12. 우리 시작할래요?
13. 우리 계속할래요?
    _{continue}
14. 우리 대화할래요?
    _{talk}
15. 우리 마실래요?
16. 우리 만들래요?
17. 우리 앉을래요?
18. 우리 머물래요?
19. 우리 공부할래요?
20. 우리 주문할까요?

GRAMMAR TEST

091 Maybe 아마도

일단 외워 *maybe you're right*

1. maybe + 문장 : 〈문장〉에 추측의 뜻을 더한다.
2. 상대방의 의견에 소극적으로 동의하거나 애매한 대답을 할 때 쓰인다.
3. 회화에서 빈번히 사용되므로 익숙해질 때까지 반복한다.

EXAMPLE

1. Maybe
   아마도, 글쎄요
2. Maybe he will come
3. Maybe I can help you
4. Maybe the book is in your room
   책은   있다   네 방 안에
5. Maybe this is my last chance
   마지막
6. Maybe they are in Hong Kong
   도시, 국가
7. Maybe you're right
   네가 옳다
8. Maybe you should see a doctor
   ~해야 한다   진찰을 받다
9. Maybe you should move to UK
   이사하다   영국으로
10. Maybe you should think before you type
    전에   타이핑하다
11. Maybe you should ask your manager about it
    매니저   그것에 대해
12. Maybe you should sell now
    팔다 지금
13. Maybe you should call your mother
    전화하다
14. Maybe you should be careful
    조심하다
15. Maybe you should go back to Chicago
    돌아가다   ~로
16. Maybe you should check it out
    확인하다
17. Maybe you should stay home
    집에
18. Maybe you should talk about this later
    나중에
19. Maybe you should not drink
    ~하지 말아야 한다
20. Maybe you should not say something about somebody
    누군가에 관한 무언가(뒷담화)

SPEAKING TEST

Joking me?

Good Job

CRAZY!

일단 외워 눈으로만 보면 입으로 발음할 수 없고, 발음할 수 없으면 빨리 읽을 수 없다!
1. 빠르건 느리건 창피해하지 말고 일단 무조건 **큰 소리**로 내뱉어 혀를 풀자!
2. 조금이라도 꼬이는 문장은 입에서 자연스럽게 나올 때까지 **10번 이상 반복**하자!
3. 반복 외엔 방법 없다! CRAZY LEVEL을 달성할 때까지 **미친 듯이 리피트!**

1. 아마도.
2. 아마 그는 올 것이다.
   come   will
3. 아마 내가 도울 수 있을 것이다, 너를.
   help
4. 아마 그 책은 있을 것이다, 니 방 안에.
   is   in
5. 아마도 이것이 나의 마지막 기회일 것이다.
   the last   chance
6. 아마 그들은 있을 것이다, 홍콩에.
7. 아마 니가 옳을 것이다.
   right
8. 너는 진찰을 받아야겠구나.
   see a doctor
9. 너는 이사해야겠구나, 영국으로.
   move   to
10. 너는 생각해야겠구나, 타이핑하기 전에.
    type
11. 너는 물어야겠구나, 너의 매니저에게, 그것에 대해.
    ask   about it
12. 너는 팔아야겠구나, 지금.
    sell
13. 너는 전화해야겠구나, 너의 엄마에게.
    call
14. 너는 조심해야겠구나.
    careful
15. 너는 돌아가야겠구나, 시카고로.
    go back   to
16. 너는 확인해야겠구나, 그것을.
    check out
17. 너는 머물러야겠구나, 집에.
    stay
18. 너는 대화해야겠구나, 이 일에 대해, 나중에.
    about this   later
19. 너는 마시지 말아야겠구나.
    drink
20. 너는 말하지 말아야겠구나, 어떤것을, 누구에 관한.
    say   something somebody

GRAMMAR TEST

092 wanna ~하고 싶어

일단 외워 *I wanna go = I want to go*

1. wanna + 동사 : 〈동사〉하고 싶다.
2. want to의 구어체 표현이다.
3. 가까운 사이에서 빈번히 쓰이므로 익숙해질 때까지 반복한다.

EXAMPLE

1. I wanna know
   알고 싶어
2. I wanna go
   가고 싶어
3. I wanna help
   돕고 싶어
4. I wanna stay
   머물고 싶어
5. I wanna speak
   말하고 싶어
6. I wanna dance
   춤추고 싶어
7. I wanna die
   죽고 싶어
8. I wanna kill
   죽이고 싶어
9. I wanna be a movie star
   되고 싶어
10. I wanna be your friend
11. I wanna be a boss
    사장
12. I wanna tell you somthing
13. I wanna kill them all
    그들을 모조리
14. I wanna talk to you
    너와 대화하다
15. I wanna go home
16. I wanna buy a ticket
    표 1장
17. I don't wanna die
    ~하고 싶지 않아
18. I don't wanna let you go
    너를 가게 하다(보내주다)
19. I don't wanna be like them
    되고 싶어   그들 처럼
20. I don't wanna be a leader
    ~하고 싶지 않아   리더가 되다

반복 외엔 방법 없다 **미친듯이 리피트**
SPEAKING TEST

일단 외워 눈으로만 보면 입으로 발음할 수 없고, 발음할 수 없으면 빨리 읽을 수 없다!
1. 빠르건 느리건 창피해하지 말고 일단 무조건 **큰 소리**로 내뱉어 혀를 풀자!
2. 조금이라도 꼬이는 문장은 입에서 자연스럽게 나올 때까지 **10번 이상 반복**하자!
3. 반복 외엔 방법 없다! CRAZY LEVEL을 달성할 때까지 **미친 듯이 리피트!**

1. 나는 알고 싶어.
   _{know}
2. 나는 가고 싶어.
3. 나는 돕고 싶어.
4. 나는 머무르고 싶어.
5. 나는 말하고 싶어.
   _{speak}
6. 나는 춤추고 싶어.
7. 나는 죽고 싶어.
8. 나는 죽이고 싶어.
9. 나는 영화배우가 되고 싶어.
   _{movie star   be}
10. 나는 니 친구가 되고 싶어.
    _{be}
11. 나는 사장이 되고 싶어.
    _{boss}
12. 나는 말해주고 싶어 너에게, 어떤것을.
    _{tell}
13. 나는 그들을 전부 죽이고 싶어.
    _{all}
14. 나는 너와 대화하고 싶어.
    _{to   talk}
15. 나는 집에 가고 싶어.
    _{go}
16. 나는 티켓 1장을 사고 싶어.
17. 나는 죽고 싶지 않아.
18. 나는 너를 가게 하고 싶지 않아.
    _{let you go}
19. 나는 그들처럼 되고 싶지 않아.
    _{like them   be}
20. 나는 리더가 되고 싶지 않아.

GRAMMAR TEST

093 gonna ~할 거야

일단 외워 **I'm gonna buy = I'm going to buy**
1. be동사 + gonna + 동사 : 〈동사〉할 것이다.
2. gonna = going to
3. 가까운 사이에서 빈번하게 쓰이므로 익숙해질 때까지 반복한다.

EXAMPLE

1 I'm gonna buy a ticket
   나 ~ 할 거야

2 I'm gonna tell you

3 I'm gonna stay home

4 I'm gonna have a hamburger
   먹다, 가지다

5 I'm gonna love you

6 I'm gonna die

7 I'm gonna go home

8 I'm gonna find you
   나는 너를 찾아낼 거야

9 I'm gonna buy this bag

10 I'm gonna remember
   나는 기억할 거야

11 I'm gonna sleep

12 I'm gonna kill you

13 I'm gonna be late
   늦다

14 I'm gonna be famous
   유명해지다

15 I'm gonna be there first
   거기 가다   제일 먼저

16 I'm gonna be watching you
   나는 너를 지켜보고 있을 거야

17 I'm gonna be right here for you
   나 너를 위해 바로 여기 있을게

18 I'm gonna be all right
   난 괜찮을 거야

19 I'm not gonna be here tomorrow
   나 내일 여기 없을 거야.

20 I'm not gonna be here that long
   ~하지 않을 거야   여기에 있다   그렇게 오래

SPEAKING TEST

일단 외워 눈으로만 보면 입으로 발음할 수 없고, 발음할 수 없으면 빨리 읽을 수 없다!

1. 빠르건 느리건 창피해하지 말고 일단 무조건 **큰 소리**로 내뱉어 혀를 풀자!
2. 조금이라도 꼬이는 문장은 입에서 자연스럽게 나올 때까지 **10번 이상 반복**하자!
3. 반복 외엔 방법 없다! CRAZY LEVEL을 달성할 때까지 **미친 듯이 리피트!**

1. 나는 살 거야, 티켓 한 장을.
   buy
2. 나는 말해줄거야, 너에게.
   tell
3. 나는 머무를 거야, 집에.
   stay
4. 나는 섭취할 거야, 햄버거를.
   have
5. 나는 사랑할 거야, 너를.
   love
6. 나는 죽을 거야.
   die
7. 나는 갈 거야, 집에.
   go
8. 나는 찾을 거야, 너를.
   find
9. 나는 살 거야, 이 가방을.
   buy
10. 나는 기억할 거야.
    remember
11. 나는 잘 거야.
    sleep
12. 나는 죽일 거야, 너를.
    kill
13. 나는 늦을 거야.
    late
14. 나는 유명해질 거야.
    famous
15. 나는 있을 거야, 거기에, 제일 먼저.
    be   first
16. 나는 지켜보고 있을 거야, 너를.
    watch
17. 나는 있을거야, 바로 여기, 너를 위해.
    right here   for you
18. 나는 괜찮을 거야.
    all right
19. 나는 있지 않을 거야, 여기에, 내일.
    be
20. 나는 있지 않을 거야, 여기에, 그리 오래.
    that long

GRAMMAR TEST

094 too to ~하기엔 너무 ~한

일단 외워 **too young to die**

1. too + 형용사 + to + 명사 : 〈명사〉하기엔 너무 〈형용사〉한 상태인.
2. too 자체에 부정적인 뉘앙스가 있으므로 주의해서 사용한다.
3. for + 사람 : 〈동사〉의 주어가 된다.

EXAMPLE

1. too far to walk
   너무 먼   걷기에
2. too shy to speak
   부끄러워하는
3. too early to tell
   이른
4. too young to die
5. too difficult to solve
6. too busy to exercise
7. too late to cancel
   취소하다
8. too hard to say
   어려운
9. too honest to tell a lie
   정직한   거짓
10. too expensive to buy
11. too difficult for me to do
    too~ to~ 의 주어
12. too noisy for me to study
    내가 공부하기에
13. too good for me to miss
    놓치다
14. too much for me to handle
    지나친, 과분한   다루다
15. too deep for children to swim
    아이들이 수영하기에
16. too heavy for him to lift
    들다
17. too cold for people to live
18. too dry for plants to grow
    건조한   식물들
19. too fast for her to follow
    따르다
20. too small for two people to share
    공유하다

SPEAKING TEST

 Joking me?  Good Job  CRAZY!

일단 외워 눈으로만 보면 입으로 발음할 수 없고, 발음할 수 없으면 빨리 읽을 수 없다!

1. 빠르건 느리건 창피해하지 말고 일단 무조건 **큰 소리**로 내뱉어 혀를 풀자!
2. 조금이라도 꼬이는 문장은 입에서 자연스럽게 나올 때까지 **10번 이상 반복**하자!
3. 반복 외엔 방법 없다! CRAZY LEVEL을 달성할 때까지 **미친 듯이 리피트!**

1. 걷기엔 너무 먼
   to walk
2. 말하기엔 너무 수줍은
   speak *shy*
3. 말해주기엔 너무 이른
   tell *early*
4. 죽기엔 너무 젊은
   die
5. 해결하기엔 너무 어려운
   solve
6. 운동하기엔 너무 바쁜
   exercise
7. 취소하기엔 너무 늦은
   cancel
8. 말하기엔 너무 어려운
   say
9. 거짓을 말하기엔 너무 정직한
   tell a lie *honest*
10. 사기엔 너무 비싼
    buy
11. 내가 하기엔 너무 어려운
    for me *do*
12. 내가 공부하기엔 너무 시끄러운
    noisy
13. 내가 놓치기엔 너무 좋은
    miss
14. 내가 다루기엔 너무 과분한
    handle *much*
15. 어린이들이 수영하기엔 너무 깊은
    swim *deep*
16. 그가 들어 올리기엔 너무 무거운
    lift
17. 사람들이 살기엔 너무 추운
    live
18. 식물들이 자라기엔 너무 건조한
    plant *grow* *dry*
19. 그녀가 따라오기엔 너무 빠른
    follow
20. 두 사람이 공유하기엔 너무 작은
    share

GRAMMAR TEST

095 from ~에서, to ~까지

일단 외워 *from London to New york*

1. from : 출발점, 기준 및 범위의 시작점
2. to : 도착점, 기준, 범위의 상한선, 방향
3. 시간, 공간의 시작점과 출발점에 두루 쓰인다.

EXAMPLE

1. from London
   ~에서, ~부터
2. from New York
3. from Japan
4. from 7 o'clock
5. from my brother
   ~에게서
6. from book
   ~에서
7. from him
8. from the school
9. from last year
10. from the first
11. from 9:30 to 6:30
    까지
12. from 1995 to 2012
13. from London to Bristol
14. a train to Seoul
    ~로(방향), 종착지
15. from A to Z
16. from head to foot
17. from top to bottom
18. from birth to death
19. from Monday to Friday
20. from disco to hip-hop
    부터   까지 (범위)

210

SPEAKING TEST

일단 외워 눈으로만 보면 입으로 발음할 수 없고, 발음할 수 없으면 빨리 읽을 수 없다!
1. 빠르건 느리건 창피해하지 말고 일단 무조건 **큰 소리**로 내뱉어 혀를 풀자!
2. 조금이라도 꼬이는 문장은 입에서 자연스럽게 나올 때까지 **10번 이상 반복**하자!
3. 반복 외엔 방법 없다! CRAZY LEVEL을 달성할 때까지 **미친 듯이 리피트!**

1. 런던에서부터
2. 뉴욕에서부터
3. 일본에서부터
4. 7시 정각부터
5. 내 형제로부터
6. 책으로부터
7. 그 남자로부터
8. 학교에서부터
9. 작년부터
10. 첫 번째부터
11. 9시 30분부터 6시 30분까지
12. 1995년부터 2012년까지
    19/95   2000/12
13. 런던에서 브리스톨까지
14. 서울행 기차
    train
15. A부터 Z까지
16. 머리에서 발까지
    head   foot
17. 꼭대기에서 바닥까지
    top   bottom
18. 출생에서 죽음까지
    birth death
19. 월요일부터 금요일까지
20. 디스코에서 힙합까지

GRAMMAR TEST

096 make me happy 나를 행복하게 해

you make me happy
1. make + 명사 + 형용사 : 〈명사〉를 〈형용사〉한 상태로 만들다.
2. make + 명사 + 동사 : 〈명사〉를 〈동사〉하게 만들다.
3. 일상적인 대화에서 빈번히 쓰이므로 익숙해질 때까지 반복한다.

EXAMPLE

1. You make me crazy
2. You make me laugh
3. You make me happy
4. You make me angry
5. This song makes me cry
6. She makes me nervous
7. I can make her happy
8. You cannot make her happy
9. He made her happy
10. You made me love you
11. He made me buy a new car
12. She made me stand alone for an hour
13. My mother made me clean my room everyday
14. My daughter makes me smile
15. Money does not make you happy
16. This place makes me feel comfortable
17. You make me want to be better man
18. Don't make me say it again
19. Don't make me repeat
20. Don't make me do it again

SPEAKING TEST

일단 외워 눈으로만 보면 입으로 발음할 수 없고, 발음할 수 없으면 빨리 읽을 수 없다!

1. 빠르건 느리건 창피해하지 말고 일단 무조건 **큰 소리**로 내뱉어 혀를 풀자!
2. 조금이라도 꼬이는 문장은 입에서 자연스럽게 나올 때까지 **10번 이상 반복**하자!
3. 반복 외엔 방법 없다! CRAZY LEVEL을 달성할 때까지 **미친 듯이 리피트**!

1. 너는 나를 미치게 해.
   _{crazy}
2. 너는 나를 웃게 해(웃기시네).
   _{laugh}
3. 너는 나를 행복하게 해.
   _{happy}
4. 너는 나를 화나게 해.
   _{angry}
5. 이 노래는 나를 울려.
   _{cry}
6. 그녀는 나를 초조하게 해.
   _{nervous}
7. 나는 그녀를 행복하게 해줄 수 있어.
   _{can}
8. 너는 그녀를 행복하게 해줄 수 없어.
9. 그는 그녀를 행복하게 해줬다.
10. 너는 내가 너를 사랑하게 했어.
    _{love}
11. 그는 내가 새 차를 사게 했어.
    _{buy}
12. 그녀는 내가 서 있게 했어, 혼자, 한 시간 동안.
    _{stand   alone   for}
13. 나의 엄마는 내가 방을 청소하게 했어, 내 방을, 매일.
    _{clean}
14. 내 딸은 나를 미소짓게 해.
    _{smile}
15. 돈은 너를 행복하게 해주지 않아.
16. 이 장소는 내가 편안하게 느끼게 해줘.
    _{feel comfortable}
17. 너는 내가 더 나은 남자가 되고 싶게 해.
    _{be a better man}
18. 내가 그것을 다시 말하게 만들지 마(다시 말하게 하지 마).
    _{it   say again}
19. 내가 반복하도록 만들지 마(되풀이 하게 하지 마).
    _{repeat}
20. 내가 그것을 다시 하게 하지마(시키지 마).
    _{do it again}

GRAMMAR TEST

 never again 다시는 ~하지 않다

일단 외워 *yesterday never comes again*
1. never + 동사 + again : 다시는 〈동사〉않다.
2. never에 부정의 의미가 있으므로 not을 따로 쓰지 않는다.
3. 대화 및 문장에서 자주 쓰이는 표현이므로 익숙해질 때까지 반복한다.

EXAMPLE

1. I will never go there again
2. I will never leave you again
3. I will never see you again
4. I will never lie to you again
5. I will never hurt you again
6. I will never let you go again
7. She will never walk again
8. He will never see again
9. Yesterday never comes again
10. I cannot believe I will never see her again
11. I will never let my wife fix my tie again
12. I will never, ever buy Apple products again
13. It will never happen again
14. A chance like this will never comes again
15. Never again will I ask you
16. Never again will I stay there
17. Never again will I sleep out
18. Never again will I go to the Derby
19. Never again will I trust a bank
20. Never again will I do such a thing

SPEAKING TEST

일단 외워 눈으로만 보면 입으로 발음할 수 없고, 발음할 수 없으면 빨리 읽을 수 없다!

1. 빠르건 느리건 창피해하지 말고 일단 무조건 **큰 소리**로 내뱉어 혀를 풀자!
2. 조금이라도 꼬이는 문장은 입에서 자연스럽게 나올 때까지 **10번 이상 반복**하자!
3. 반복 외엔 방법 없다! CRAZY LEVEL을 달성할 때까지 **미친 듯이 리피트!**

1. 나는 거기에 가지 않겠다, 다시는.
   go
2. 나는 너를 떠나지 않겠다, 다시는.
   leave
3. 나는 너를 보지 않겠다, 다시는.
   see
4. 나는 너에게 거짓말하지 않겠다, 다시는.
   tell a lie
5. 나는 너를 아프게 하지 않겠다, 다시는.
   hurt
6. 나는 너를 가게 하지 않겠다, 다시는.
   let you go
7. 그녀는 걷지 못할 것이다, 다시는.
   walk
8. 그는 보지 못할 것이다, 다시는.
   see
9. 어제는 오지 않는다, 다시는.
   come
10. 나는 못 믿겠다 그녀를 볼 수 없을 것을, 다시는.
    believe   see
11. 나는 아내가 넥타이를 고치게 하지 않겠다, 다시는.
    fix   let
12. 나는 절대 애플 제품을 사지 않겠다, 다시는.
    products
13. 그것은 일어나지 않을 것이다, 다시는.
    will
14. 이 같은 기회는 다시 오지 않을 것이다.
    like this   come
15. 두 번 다시 나는 너에게 묻지 않겠다.
    ask   will
16. 두 번 다시 나는 거기에 머무르지 않겠다.
    stay
17. 두 번 다시 나는 외박하지 않겠다.
    sleep out
18. 두 번 다시 나는 더비에 가지 않겠다.
    the Derby
19. 두 번 다시 나는 은행을 신용하지 않겠다.
    trust
20. 두 번 다시 나는 그런 짓을 하지 않겠다.
    such a thing   do

GRAMMAR TEST

098 let me go 나를 가게 하다

일단 외워 *let me go, let him go*

1. let + 명사 + 동사 : 〈명사〉가 〈동사〉하게 하다.
2. let은 동사를 사역형(시키다)으로 만든다.
3. 대화에서 'let me + 동사'의 형태로 빈번히 쓰이므로 익숙해질 때까지 반복한다.

EXAMPLE

1. let me know
   ~게 하다   내가   알게(나에게 알려줘)
2. let her know
   그녀가   알게
3. let him know
   그가   알게
4. let me go
   내가   가게(나를 보내줘)
5. let her go
6. let him go
7. let me try
   내가   시도하게(내가 해볼게)
8. let me off
   내리다(내려줘)
9. let me in
   들어가다(들여보내줘)
10. let me see
    보다(보여줘)
11. let me tell you
    너에게 말하다(말해줄게)
12. let me hear the story
    듣다(들려줘)
13. let me introduce
    소개하다(소개할게)
14. let me ask you
    묻다(물을게)
15. let me show you
    보여주다(보여줄게)
16. let me use your car
    네 자동차를 쓰다(좀 쓸게)
17. let me think
    생각좀 해볼게
18. let me explain
    설명할게
19. let it dry
    마르게 하다
20. let it cool
    차갑게 하다

SPEAKING TEST

일단 외워 눈으로만 보면 입으로 발음할 수 없고, 발음할 수 없으면 빨리 읽을 수 없다!

1. 빠르건 느리건 창피해하지 말고 일단 무조건 **큰 소리**로 내뱉어 혀를 풀자!
2. 조금이라도 꼬이는 문장은 입에서 자연스럽게 나올 때까지 **10번 이상 반복**하자!
3. 반복 외엔 방법 없다! CRAZY LEVEL을 달성할 때까지 **미친 듯이 리피트!**

1 나를 알게 해주다(나에게 알려주다).
    me know let

2 그녀를 알게 해주다(그녀에게 알려주다).

3 그를 알게 해주다(그에게 알려주다).

4 나를 가게 해주다(나를 보내주다).
         go

5 그녀를 가게 해주다(그녀를 보내주다).

6 그를 가게 해주다(그를 보내주다).

7 나를 시도하게 해줘(좀 해볼게).
      try

8 나를 내리게 해줘(나를 내려줘).
      off

9 나를 들어가게 해줘(들여보내줘).
        in

10 나를 보게 해줘(좀 볼게).
    see

11 나를 너에게 말해주게 해줘(너에게 말해줄게).
          tell

12 나를 그 이야기 듣게 해줘(나에게 들려줘).
        hear

13 나를 소개하게 해줘(내가 소개할게).
    introduce

14 나를 너에게 질문하게 해줘(내가 너에게 질문할게).
        ask

15 나를 너에게 보여주게 해줘(내가 보여줄게).
        show

16 내가 네 차를 쓰게 해줘(내가 네 차를 쓸게).
      use

17 내가 생각하게 해줘(내가 생각 좀 할게).
    think

18 내가 설명하게 해줘(내가 설명할게).
    explain

19 그것을 마르게 하다(그것을 말리다).
  it   dry

20 그것을 차갑게 하다(그것을 차게 식히다).
      cool

GRAMMAR TEST

099 If I were 만약 ~였다면(가정법)

if I were you

1. If I + 과거, 과거완료 문장1 + I would + 현재 문장2 : 〈문장1〉이었다면 〈문장2〉텐데.
2. 문장 속의 내용은 현재 사실과 반대이다.
3. 내가 새였다면 날아갈텐데 = 나는 새가 아니므로 날아가지 않았다.

EXAMPLE

1. If I were a bird, I would fly
2. If I were rich, I would buy
3. If I were you, I would not do
4. If I were you, I would not go out
5. If I were you, I would do the same thing
6. If I were her, I would wait
7. If I were you, I would help her
8. If I were a Londoner, I would vote for him
9. If I had any money, I would lend you
10. If I had a son, I would want him to be a soldier
11. If I had any money, I would invest
12. If I had iPAD, I would get better grade
13. If I had time, I would meet her
14. If I had been there, I would tell him the truth
15. If I knew the answer, I would tell you
16. If I were him, I would help her
17. If I were not married, I would marry you
18. If I were a police officer, I would arrest him
19. If I were you, I would not stay at the York Hotel
20. If I had a map, I would show you the place

SPEAKING TEST

 Joking me?
 Good Job
 CRAZY!

일단 외워 눈으로만 보면 입으로 발음할 수 없고, 발음할 수 없으면 빨리 읽을 수 없다!

1. 빠르건 느리건 창피해하지 말고 일단 무조건 **큰 소리**로 내뱉어 혀를 풀자!
2. 조금이라도 꼬이는 문장은 입에서 자연스럽게 나올 때까지 **10번 이상 반복**하자!
3. 반복 외엔 방법 없다! CRAZY LEVEL을 달성할 때까지 **미친 듯이 리피트!**

1. 내가 만약 새였다면, 나는 날아갔을텐데.
   bird / fly
2. 내가 만약 부유했다면, 나는 구입했을텐데.
   rich / buy
3. 만약 내가 너였다면, 나는 하지 않았을텐데
   you / do
4. 만약 내가 너였다면, 나는 외출하지 않았을텐데
   go out
5. 만약 내가 너였다면, 나는 같은 짓을 했을텐데.
   the same thing / do
6. 만약 내가 그녀였다면, 나는 기다렸을텐데.
   wait
7. 만약 내가 너였다면, 나는 그녀를 도왔을텐데.
   help
8. 만약 내가 런던 시민이었다면, 나는 그를 위해 투표했을텐데.
   Londoner / vote for
9. 만약 내가 돈이 좀 있었다면, 나는 너에게 빌려줬을텐데.
   have / lend
10. 만약 내가 아들이 있었다면, 나는 그가 군인이 되기를 원했을텐데.
    have / be a soldier / want to
11. 만약 내가 돈이 좀 있었다면, 나는 투자했을텐데.
    any / invest
12. 만약 내가 아이패드가 있었다면, 나는 더 좋은 학점을 받았을텐데.
    have / better grades / get
13. 만약 내가 시간이 있었다면, 나는 그녀를 만났을텐데.
    have / meet
14. 만약 내가 거기 있었다면, 나는 그에게 진실을 말해줬을텐데.
    If I had been there / tell the truth
15. 만약 내가 답을 알았다면, 나는 너에게 말해줬을텐데.
    answer / tell
16. 만약 내가 그였다면, 나는 그녀를 도왔을텐데.
17. 만약 내가 결혼을 안 했었다면, 나는 너와 결혼했을텐데.
    not married
18. 만약 내가 경찰관이었다면, 나는 그를 체포했을텐데.
    arrest
19. 만약 내가 너였다면, 나는 요크호텔에 머물지 않았을텐데.
    stay at
20. 만약 내가 지도가 있었다면, 나는 너에게 그곳을 보여줬을텐데.
    have / the place / show

CHECK SHEET 1 ~ 50

Chapter	Record	Joking me?	Good Job!	CRAZY!!
1	sec.	√		
2	sec.			
3	sec.			
4	sec.			
5	sec.			
6	sec.			
7	sec.			
8	sec.			
9	sec.			
10	sec.			
11	sec.			
12	sec.			
13	sec.			
14	sec.			
15	sec.			
16	sec.			
17	sec.			
18	sec.			
19	sec.			
20	sec.			
21	sec.			
22	sec.			
23	sec.			
24	sec.			
25	sec.			
26	sec.			
27	sec.			
28	sec.			
29	sec.			
30	sec.			
31	sec.			
32	sec.			
33	sec.			
34	sec.			
35	sec.			
36	sec.			
37	sec.			
38	sec.			
39	sec.			
40	sec.			
41	sec.			
42	sec.			
43	sec.			
44	sec.			
45	sec.			
46	sec.			
47	sec.			
48	sec.			
49	sec.			
50	sec.			

CHECK SHEET 51 ~ 99

Chapter	Record	Joking me?	Good Job!	CRAZY!!
51	sec.			
52	sec.			
53	sec.			
54	sec.			
55	sec.			
56	sec.			
57	sec.			
58	sec.			
59	sec.			
60	sec.			
61	sec.			
62	sec.			
63	sec.			
64	sec.			
65	sec.			
66	sec.			
67	sec.			
68	sec.			
69	sec.			
70	sec.			
71	sec.			
72	sec.			
73	sec.			
74	sec.			
75	sec.			
76	sec.			
77	sec.			
78	sec.			
79	sec.			
80	sec.			
81	sec.			
82	sec.			
83	sec.			
84	sec.			
85	sec.			
86	sec.			
87	sec.			
88	sec.			
89	sec.			
90	sec.			
91	sec.			
92	sec.			
93	sec.			
94	sec.			
95	sec.			
96	sec.			
97	sec.			
98	sec.			
99	sec.			

딱 하루 만에 배우는 외국어 첫걸음 시리즈

히라가나부터 문법까지!
딱 하루 만에 끝내는 초급 일본어
하루 일본어 첫걸음

실생활 필수 단어만 골라골라!
부담없이 하루에 딱 10단어씩만
하루 일본어 어휘 확장팩

한자, 성조 몰라도 중국어가 된다!
딱 하루 만에 끝내는 초급 중국어
하루 중국어 첫걸음

읽으면 영어 발음이 좋아지는 클라시코 레트로북 시리즈

COW & BRIDGE
PUBLISHING COMPANY

Web site : www.cafe.naver.com/sowadari
3ga-302, 6-21, 40th St., Guwolro, Namgu, Incheon, #402-848 South Korea
Telephone 0505-719-7787 Facsimile 0505-719-7788 Email sowadari@naver.com

CRAZY REPEAT : Inductive Studies in English Grammar
by William Harper & Edwards Kim
Published by Cow & Bridge Publihing Co.

First original edition published by American Book Co., Chicago & New York & London
This advanced edition published by Cow & Bridge Publihing Co., South Korea

CRAZY REPEAT : 미친 듯이 리피트 2016 © Cow & Bridge Publishing Co. all rights reserved.
이 책의 저작권 및 출판권에 관련된 모든 제반 권리는 도서출판 소와다리가 소유합니다.

No part of this publication may be repoduced,
stored in retrieval system or transmitted in any form or by any means
without the prior written permission of the bona fide copyright holder.
이 책은 지적재산권법에 의거하여 보호를 받는 저작물이므로 저작권 및 출판권 소유자의 서면 동의 없이는
책의 일부, 혹은 전부를 무단으로 복제하여 배포하거나 전송할 수 없습니다.

ISBN 978-89-967035-9-4 13740
Printed in Korea

파본은 구입하신 서점을 통해 바꾸어드립니다.